PILLAY marie elda

DEVENIR UN GRAND ECRIVAIN

DEVENIR EDITEUR

PUBLIER VOTRE LIVRE

Tout droits réservés. Aucune reproduction, même partielle y compris photocopies, microfilm, enregistrement, scanners, stockage sur ordre n'est légale sans autorisation.

© 2008, PILLAY marie elda
Impression : books on Demand, Norderstedt, Allemagne
ISBN 978-2-917462-02-7
Dépôt légal : octobre 2008

 PILLAY marie elda

SOMMAIRE

Mot de l'auteur..3

Conseils aux écrivains...4-7

50 conseils pour devenir écrivain..7-16

Micro édition à domicile...17-20
    -La phrase d'écriture..21-23
    -Saisie et la mise en page...24-27
    -La distribution commerciale
    de votre ouvrage...28-32

Editeur, compte d'auteur ou auto édition ?...33

Pourquoi être aussi éditeur...34
    -La composition livre, être imprimeur...35
    -Avant l'édition bibliothèque nationale..36-37
    -Dépôt légal des livres..38
    -Déclaration de dépôt légal
    Pour ouvrages et information du ministère de l'intérieur..39
    -La vente directe sans intermédiaire..40
    -Protéger une œuvre : le droit d'auteur...41

Diffuser votre ouvrage...42

Tout ce qu'il faut pour publier un livre..49

 PILLAY marie elda

Mot de l'auteur

Vous rêvez d'écrire votre livre, mais vous ne savez pas comment vous y prendre ? Ce livre est fait pour vous : vous découvrirez que tout le monde peut y parvenir, à condition d'être motivé, d'y croire et de se donner à fond.

Bien que j'écrive des livres, j'éprouve toujours du mal à me présenter comme un écrivain. En fait, je suis Distributrice Indépendante de la cosmétique et de la Nutrition. Donc, si quelqu'un me demande ce que je fais, je réponds spontanément : Distributrice Indépendante, bien que j'écrive également. Mais si j'abandonnais mon métier ? Si je le laissais tomber pour l'écriture à temps plein, juste pour pouvoir répondre aux gens- je suis écrivain ? C'est mon rêve. Mais qu'est ce qui fait de quelqu'un un écrivain ? Si tu écris, tu es écrivain, c'est très simple. Mais le rêve ne doit pas s'arrêter là, n'est ce pas ?
Le rêve c'est de devenir véritablement un écrivain. De se réveiller le matin, de prendre son café devant un paysage tranquille, de fermer les yeux et d'attendre que vienne la muse. Et quand elle arrive, de devoir seulement prendre notre ordinateur portable ou notre machine à écrire (selon nos préférences) et de ne plus avoir qu'à écrire.
Aucune inquiétude ou rien de tel parce que justement c'est notre travail d'écrire, et comme on vient de le faire notre journée est déjà gagnée.
Et en plus il y a le talent, si vous êtes bon, si vous pensez vraiment que vous êtes doué, tout ce dont vous avez besoin c'est d'un peu de chance. La chance d'intéresser le bon éditeur. Moi, par exemple, je pense vraiment que ce que j'écris est bon.
A vous d'en faire autant !

PILLAY marie elda

DEVENIR ECRIVAIN

CONSEILS AUX ECRIVAINS

1- Le désir
Ecrire? Au commencement est le désir. Se demander pourquoi on a envie d'écrire. Si c'est pour faire une psychanalyse par écrit (et donc économiser 25 ans et 100 000 euros) mieux vaut renoncer. Si c'est pour gagner de l'argent ou avoir de la gloire, ou passer à la télévision ou épater sa maman, renoncer. La seule motivation honorable me semble être : parce que l'acte d'écrire, de fabriquer un monde, de faire vivre des personnages est déjà une nécessité et un plaisir en soi. On peut aussi admettre comme motivation : épater une fille dont on est amoureux.

2- Les handicaps
Le principal problème de l'écriture, c'est que c'est un acte solitaire absolu. On est seul avec sa feuille et soi même. Si on a rien à dire aux autres ni à se dire à soi même, l'écriture ne va que vous faire mesurer ce vide intérieur. Désolé, il n'y a pas d'acte qui ne soit pas avec des contreparties. Si vous devenez écrivain professionnel « sérieux » préparez vous à passer au moins 5 heures par jour enfermé seul devant un ordinateur, une machine à écrire ou un calepin. Vous en sentez vous capable ?

3- Un artisanat
On dit que pour réussir il faut trois choses : le talent, le travail et la chance. Mais que deux suffisent : Talent plus travail, on n'a pas besoin de chance. Talent plus chance, on n'a pas besoin de travail. Travail plus chance, on a pas besoin de talent. Vu qu'on ne peut pas agir sur la chance, mieux vaut donc le talent et le travail. Comment savoir si on a le talent ? En général les gens qui ont le talent d'écrire ont déjà pris l'habitude de raconter des histoires à leur entourage. Ils prennent plaisir à relater des évènements vécus ou lus, et naturellement on a envie de les écouter. Ce n'est pas obligatoire mais c'est un premier signe. Souvent les gens qui racontent bien les blagues finissent par comprendre les mécanismes d'avancée d'une intrigue et d'une chute. La blague est l'haïku du roman. D'ailleurs tout bon roman doit pouvoir se résumer à une blague.

4- Lire
On doit lire le genre de livres qu'on a envie d'écrire. Ne serait ce que pour savoir ce que les autres auteurs, confrontés aux mêmes problèmes, on fait. On doit aussi lire les livres des genres qu'on n'aime pas forcément ne serait ce que pour savoir ce qu'on ne veut pas faire.

5-Se trouver un maître d'écriture

Se trouver un maître ne veut pas dire copier, ni plagier. Cela veut dire être dans l'esprit, la liberté, la manière de développer les histoires de tel ou tel. Il n'y a pas de contradictions avec la loi un peu plus bas sur l'originalité. Lire peut vous permettre de décomposer les structures comme si on démontait un moteur de voiture Mazeratti pour voir comment c'est fait. Cela ne vous empêche pas de construire autrement une Lamborghini.

6-Accepter le statut d'artisan
Écrire est un artisanat, il faut avoir le goût à ça, puis l'entretenir régulièrement. Pas de bon écrivain sans rythme de travail régulier. Même si c'est une fois par semaine, ensuite on est tout le temps à l'école. Chaque livre va nous enseigner un petit truc nouveau dans la manière de faire des dialogues, le découpage, de poser vite un personnage, de créer un effet de suspense. C'est ça l'artisanat, surtout ne vous laissez pas impressionner par les passages des écrivains à la télévision ou les interviews de ces écrivains. Ce ne sont que des attitudes, le vrai artisanat ne peut pas être montré là-bas. Et n'oubliez pas que ce n'est pas parce qu'un auteur passe bien à la télé ou est beau ou souriant que c'est un bon artisan.
C'est juste un bon type qui passe à la télé dans le rôle d'écrivain, en général plus ils sont sérieux, plus ils impressionnent. La seule manière de savoir ce que vaut un écrivain est de le lire. La seule manière de savoir où vous en êtes dans votre artisanat est de demander à vos lecteurs ce qu'ils pensent de vos livres.

7- L'inspiration
En fait, bien souvent, l'inspiration vient d'une résilience. On souffre dans sa vie donc on a besoin d'en parler par écrit pour prendre le monde à témoin. Par exemple quelqu'un vous a fait du mal ; vous ne vous vengez pas par des actes, vous vengez par écrit en fabricant une poupée à son effigie et en y plantant des aiguilles d'intrigue. A la fin le héros casse la figure à la poupée à l'effigie de votre adversaire. On dit que les gens heureux n'ont pas d'histoire, je le crois. Si on est complètement heureux satisfait de tout ce qu'on a déjà pourquoi se lancer dans l'aventure hasardeuse de l'écriture ? A la limite je conçois qu'une fois qu'on est écrivain professionnel l'écriture devienne en soi une sorte de quête du graal, du livre parfait, mais là encore c'est une frustration à régler. Donc une souffrance, oui dans l'écriture il y a forcément une vengeance contre quelque chose ou quelqu'un. Ou en tout cas un défi à relever.

8-L'originalité
Un livre ou une histoire doit apporter quelque chose de nouveau. Si ce que vous faites est dans la prolongation de X ou X ou ressemble à X ou X ce n'est pas la peine de le faire. X ou X l'a déjà fait, il faut être le plus original possible dans la forme et dans le fond. L'histoire ne doit ressembler à rien de connu, le style doit être neuf. Si on dérange des imprimeries et si on abat des arbres pour avoir de la pâte à papier, c'est qu'il faut avoir quelque chose à apporter en plus avec son manuscrit.

9-La fin
Si le lecteur découvre qui est l'assassin ou comment va se terminer le livre dès le début ou le milieu, vous n'avez pas rempli votre contrat envers lui. Du coup, pour être sûr d'avoir une fin surprenante, il vaut mieux commencer par écrire la fin le cheminement qui empêchera de la trouver.

10-Surprendre
Il faut surprendre à la conclusion, mais il faut toujours avoir une envie de surprendre à chaque page. Il faut que le lecteur se dise à chaque fois « ah ça » je ne m'y attendais pas. Les romains inscrivaient à l'entrée des théâtres "Stupete Gentes" qu'on pourrait traduire « Peuple préparez vous à être surpris ». Surprendre son lecteur est une politesse.

11-Ne pas vouloir faire joli
Beaucoup de romanciers surtout en France, font du joli pour le joli. Ils enfilent les phrases tarabiscotées avec des mots de vocabulaire qu'il faut chercher dans le dictionnaire comme on enfile des perles pour faire un collier. Cela fait juste un tas de jolies phrases. Pas un livre, ils feraient mieux d'être poètes. Au moins c'est plus clair, toute scène doit avoir une raison d'être autre que décorative. Le public n'a pas (n'a plus ?) la patience de lire des descriptions de paysages de plusieurs pages ou il ne se passe rien, ni des dialogues sans informations qui n'en finissent pas. La forme ne peut pas être une finalité, la forme soutien le fond. Il faut d'abord avoir une bonne histoire ensuite à l'intérieur on peut aménager des zones décoratives, mais sans abuser de la patience du lecteur.

12-Recommencer
Ne pas avoir peur de tout recommencer, en général le premier jet est imparfait. On a donc deux choix, soit le rafistoler comme une barque dont on prépare les trous dans la coque avec des bouts de bois, soit en fabriquer une autre. Ne pas hésiter à choisir la deuxième solution. Même si l'informatique et le traitement de texte autorisent toujours des rafistolages. C'est un peu comme le "master mind", c'est parfois lorsqu'on a tout faux qu'on déduit le mieux comment faire juste. J'ai refait 120 fois "les fourmis" et franchement les premières versions n'étaient pas terribles.

13-Les lecteurs tests
Trouver des gens qui vous lisent et qui n'ont pas peur de vous dire la vérité. La plupart des gens auxquels vous donnerez votre manuscrit à lire se sentiront obligés de vous dire que c'est la 7ème merveille du monde. Cela ne coûte pas cher et ça n'engage pas, par contre dire à un auteur, " Ton début est trop long, et la fin n'est pas vraisemblable" signifie souvent une fâcherie avec l'auteur. Pourtant ce sont ceux qui auront le courage de vous dire cela qui seront vos vrais aides. Et c'est à eux qu'il faudra donner en priorité vos manuscrits à lire pour avoir un avis. Vous pouvez aussi écouter les félicitations pour les scènes réussites. Mais ne soyez pas dupe, mettez votre ego de côté, fuyez les flatteurs qui ne sont pas capables d'expliquer pourquoi cela leur a plu.

14-Raconter à voix haute
Ne pas hésiter à raconter oralement votre histoire, tant pis si vous prenez le risque de vous faire piquer l'idée. En le racontant oralement, vous sentez tout de suite si cela intéresse et vous vous obligez à être synthétique et efficace. Voir en direct ses lecteurs réagir à une histoire est très instructif.

15-Les personnages
Soigner les caractères des personnages principaux en faisant une fiche avec leur description physique, leurs tics, leurs vêtements, leurs passés, leurs blessures, leurs ambitions. Prenez pour fabriquer un personnage des caractéristiques à vous ou à des amis proches. Bref, des êtres que vous connaissez un peu en profondeur. Il faut les rendre attachants et crédibles. Il faut que les gens puissent se dire "Ah oui, ce genre de personne cela me rappelle un tel". Qu'ils se reconnaissent en eux, c'est encore mieux.

16-L'adversité
Il faut que votre héros ait un problème à régler, plus le problème est gros plus l'intérêt du lecteur est fort. L'idéal est de donner des handicaps au héros de manière a ce qu'on se dise il n'y arrivera jamais. Exemple : l'enquêteur est aveugle et le tueur est non seulement le roi de la mafia mais en plus il a des talents de télépathie et c'est quelqu'un qui a beaucoup de chance. Plus le héros est maladroit plus le méchant est fort plus on est intéressé. Le système est : l'auteur met son héros dans des

problèmes que le lecteur jugera insurmontable et l'auteur sauve à chaque fois un extremis son héros d'une manière que le lecteur n'avait pas prévu.

17-Alterner les formes
Les lecteurs ont souvent des journées fatigantes, ils lisent pour se détendre, donc il faut penser à ne pas les ennuyer. Pour cela, alterner les scènes d'actions et de dialogues. Mettre le maximum de coup de théâtre inattendu, ne pas oublier que la lecture est un plaisir et que l'objectif n'est pas que le lecteur se dise que l'auteur est doué ; il doit se dire "mais qu'est ce qui va arriver à la scène suivante" ?

18-Transmettre du savoir
La fonction des livres est aussi d'apprendre des choses. La forme est un élément, mais si après avoir lu un livre un lecteur sait quelque chose qui lui permettra de nourrir les conversations ou les dîner, c'est quand même un intérêt de la lecture.

19-Aller voir sur place
Un : s'informer ; Deux : réfléchir ; Trois : écrire ; S'informer est indispensable. On ne parlera bien d'un lieu que si on y est allé pour faire des repérages. On ne parlera bien d'un métier que si on a discuté avec une personne qui la pratique. Evidemment on peut imaginer, mais le plus on se frottera au réel, le plus on découvrira de choses et on se frottera au réel, le plus on découvrira de choses et on pourra raconter d'anecdotes vrais. Et le lecteur sent tout de suite ce qui est pur délire d'auteur et ce qui observation réelle.

20-Avoir une volonté d'être compris par tous
Souvent les critiques parisiens taxent les auteurs qui touchent tous les publics "d'autres populaires". Avec une connotation péjorative dans le mot populaire, sous entendu que si cela plaît au grand public c'est que ce n'est pas de la grande littérature. Victor Hugo se vantait d'être un auteur populaire, de même que Alexandre Dumas, Jules Verne et Flaubert. Mozart faisait de la musique populaire et s'en flattait. Tous les auteurs non populaires qui vivaient à la même époque ont été oubliés, qu'ils soient grands poètes, grands académiciens, grands écrivains de cour ou de salon. L'histoire les a balayés avec leurs jolies tournures de phrases et leurs effets de manches. De même que tous les auteurs maudits qui revendiquaient comme un titre le fait de n'être compris que par un public restreint on en effet été effacés. Logique, il est beaucoup plus difficile de plaire au large public qu'à un groupe de soit disant arbitre des élégances. Faire simple et clair réclame beaucoup plus de travail que de faire grandiloquent, incompréhensible, et rempli de sous entendus que l'auteur est le seul à connaître.

21-Se plaire à soi même
Pour plaire au lecteur il faut se mettre à sa place. Écrire des livres qu'on aurait envie de lire si ce n'étaient pas les nôtres. Ne jamais se dire j'écris cela ça ne me plaît pas, mais ça leur plaira. On est soi même la première personne qui doit s'amuser à lire le livre. Répétons le : s'il n'y a pas de plaisir d'écriture, il ne peut pas y avoir de plaisir de lecture ensuite.

22-L'initiation des personnages
Une bonne histoire est aussi une initiation, au début le héros dormait sur ses lauriers ou sa fainéantise. Une situation de crise va l'obliger à s'apercevoir qu'il est beaucoup plus ce qu'il croit. Mettre les personnages en situation de danger pour les obliger à révéler leurs talents cachés. Et le lecteur en vivant dans la peau du personnage va

faire la même expérience de transformation. Un bon livre est un livre qui transforma son lecteur en le faisant se prendre pour le héros.

23-Faire des plans
Quand vous avez un bon premier jet brut, essayez de trouver une manière de le découper de l'organiser pour qu'il soit rangeable dans des chapitres. En général on organise le livre en trois actes : début, milieu, fin, début. Le début est en général le lieu de la scène d'exposition. On découvre ou ça se passe, quand ça se passe, qui agit, et le plus rapidement possible quelle est la problématique. L'idéal est de réduire au maximum le décollage du début, il faut que l'exposition soit la plus rapide possible pour que le lecteur n'attende pas avant d'être dans l'histoire. Le milieu, le milieu est souvent le ventre mou du livre. On prolonge la problématique, on en invente des secondaires, on gère la progression dramatique. La fin c'est soit le coup de théâtre surpris, soit la grande explication de l'histoire cachée, soit l'apothéose.

24-Les portes ouvertes, portes fermées
Dans les scènes du début on ouvre des portes. Ce sont des problématiques :" qui a tué ?" , "vont-ils s'aimer ?" , et "qui est cette dame en noir qui surgit de temps en temps ?". A la fin il faudra penser à toutes les refermer. "C'est le fils du paysan qui a tué", "ils vont s'aimer mais cela ne sera pas facile", et "la dame en noir c'est en fait le fils caché de la concierge déguisé en femme depuis son voyage au Brésil ou il a connu l'enfer et qui recherche l'identité de son vrai père" Bien vérifier qu'il n'y ait pas de portes ouvertes béantes (soudain on ne parle plus de la dame en noir) ni de portes fermées qui n'ont pas été ouvertes (soudain un personnage révèle qui il est, mais on n'en parlait pas au début).

25-L'envoi aux éditeurs
Investir dans la photocopieuse et envoyer son manuscrit à un maximum d'éditeurs. De préférence ceux qui ont des livres qui ressemblent dans leur genre au votre. Pas la peine d'envoyer de la science fiction à un éditeur de poésie.

26-Les lettres de refus
Les éditeurs reçoivent une centaine de manuscrits par jour. Donc ils ont du mal à distinguer le bon grain de l'ivraie. Ils utilisent pour cela des lecteurs, soit des professeurs de français à la retraite, soit des étudiants, soit des amis qui aiment lire qui leur font ensuite des fiches. Ces gens sont souvent payés pour ce travail mais font aussi parfois cela par passion personnelle. Si les éditeurs vous répondent tous que cela ne leur plaît pas, ce n'est pas définitif. Essayez de savoir pourquoi en les appelant et refaites un manuscrit en tenant compte de leur remarques. Ou s'il n'y a pas de remarque, refaites quand même un manuscrit en tenant compte de l'avis de vos lecteurs négatifs ou de votre propre évolution. Puis renvoyer, il y a quand même une part de chance en renvoyant au même éditeur vous pouvez finir par tomber sur quelqu'un qui vous comprenne et vous défende dans les comités de lecture.

27-Ne pas faire d'édition à compte d'auteur
Si personne n'est prêt à payer pour votre manuscrit c'est peut être parce qu'il n'est pas bon. Cette hypothèse ne doit jamais être oubliée. Tout le monde n'a pas forcément de talent. Et ce n'est pas grave, à la limite tentez la musique. Par contre les éditeurs qui proposent de vous de payer pour être édités ne distribuent que peu ou pas votre livre. Vous allez juste vous retrouver avec un tas de bouquins dans votre chambre à distribuer à vos amis. Autant faire vous-même vos tirages avec votre ordinateur. Dans tous les cas, s'il faut payer un éditeur à compte d'auteur, pas plus de 50 euros ou devenez vous-même votre propre éditeur, consulter le site : http://www.bod.fr ,http://www.lulu.com .

50 conseils pour devenir écrivain

PRENDRE LA DECISION D'ECRIRE SON LIVRE

1/ Le matériel

De quoi avez-vous besoin ? Une feuille de papier et un stylo, ou mieux, un ordinateur, une imprimante et un traitement de texte. Pourquoi ? Le traitement de texte permet de produire un texte propre et calibré (en France on compte en nombre de signes espaces compris).

2/ Choisir un sujet et un genre

Que voulez vous écrire ? Un roman, un essai, un document, un manuel technique ? Choisissez un thème et un format, et renseignez vous sur les formats usuels. Un roman doit faire un minimum de 150 pages pour être pris au sérieux. Ne vous lancez pas non plus dans un ouvrage de 600 pages d'entrée, avancez progressivement. Et surtout, choisissez un thème qui vous plaît, qui vous excite, auquel vous pensez la nuit. Écrivez sur ce que vous connaissez, partez toujours de votre expérience personnelle, puis développez le tout avec votre imagination.

3/ Écrire chaque jour

Écrivez tous les jours, même pendant quinze minutes. Le secret de l'écriture d'un livre est dans la régularité. La plupart des gens commencent par écrire deux ou trois heures, puis se découragent au bout d'une semaine ou dix jours, et abandonnent. Fixez vous une période (le soir, le matin, la nuit), et tenez vous à cette discipline. En matière de création, la routine sera votre meilleure amie !

4/ En parler ou pas autour de soi ?

Écrire en solo peut parfois s'avérer difficile. Vous avez besoin d'un retour, et d'encouragements. Regardez autour de vous, dans votre famille, chez vos amis ou vos collègues et choisissez un gros lecteur, un prof de lettres, un amateur du genre que vous pratiquez (polar, fantastique, livre technique....) en qui vous pouvez avoir confiance. Expliquez lui que vous avez besoin d'un regard extérieur utile : votre histoire tient elle la route, les personnages sont ils convaincants ? Votre message passe t-il bien ?

5/ Croire en soi/se donner les moyens

Ecrire n'est pas juste un hobby, mais une véritable activité : faites vous un planning, et ne lâchez pas l'affaire ! Donnez vous les moyens de votre réussite : achetez les programmes, les livres et les services dont vous avez besoin, et qui vous feront avancer. Si vous croyez en vous, et que vous travaillez dur, alors les autres croiront aussi en vous !

PLAN ET DOCUMENTATION

6/ De l'utilité du plan

Commencez toujours par un plan, c'est le meilleur moyen d'évacuer le stress de la page blanche. Avec un plan, vous savez où vous allez, et vous pourrez même commencer votre livre par la fin si cela vous chante ! Et puis ce plan peut évoluer au fur et à mesure de la rédaction, ce n'est pas une prison, mais un guide pour découvrir votre propre livre.

7/Organiser sa production

Testez et découvrez votre propre méthode de travail : préférez vous débuter avec des fiches, avec une première version squelettique, ou préférez vous vous lancer dans la rédaction immédiatement ? Essayez différentes approches, et gardez celle qui vous convient le mieux, qui vous donnera à la fois du plaisir et de l'efficacité !

8/La documentation

La crédibilité d'un livre tient en grande partie à sa documentation. Un livre historique ? Vous devez tout savoir sur la période choisie, la cuisine, les transports, les transports, la politique. Un livre pratique ? Croisez les sources, lisez tout ce que vous pouvez sur votre thème. Recherchez les petits détails quotidiens qui feront de vous un expert sur le sujet.

9/ Fiches personnages

Vivez avec vos personnages en les décrivant minutieusement sur des fiches : la taille, la couleur des yeux, l'âge, l'adresse. Aime t-il le cinéma, la littérature, a-t-il des opinions politiques ? Son dessert préféré, son arbre généalogique. On peut faire la même chose avec des idées, des astuces, des concepts : d'où cela vient t-il, quel est le meilleur spécialiste, la meilleur source, en France, dans le monde ? Devenez intime avec les créations de votre imagination.

10/Reportages et souvenirs

Vous possédez un trésor en vous : vos souvenirs, vos impressions ! Votre héros se retrouve dans une usine désaffectée en Ukraine ? Utilisez vos souvenirs de lycéen, lors de cette visite dans l'usine de votre région, votre étonnement ou votre peur ….
Reprenez les détails d'un reportage paru dans la presse locale ou nationale….
Un ouvrage de web marketing ? Rappelez vous vos débuts laborieux il y a dix ans, votre premier modem, l'Internet et sans ADSL, votre premier mail. Plus vous serez personnel et précis, original, et plus vous pourrez toucher un grand nombre de lecteurs. L'authenticité des détails permet aux histoires ou aux idées les plus nouvelles ou dérangeantes de captiver votre lecteur.

LE PREMIER JET

11/Lancez vous !

Vous avez votre titre, vos héros, votre thème, votre plan ? Lancez vous, personne ne vous regarde, personne ne vous juge. Et surtout, ne vous jugez pas vous-même, pour l'instant. Écrivez, tranquillement, à votre rythme, comme vous vous exprimez dans une conversation avec un ami. Le beau style, c'est pour après.

12/Objectif et calibrage

Donnez vous un objectif concret : 150,200 pages ? 200 000 ? 300 000 signes ? Combien de pages par jour, combien de chapitres par semaine ? Fixez vous un planning réaliste (seul Simenon arrivait à pondre 80 pages par jour dans les années trente).

13/La relecture immédiate

Méfiez vous de la relecture immédiate de votre texte : la plupart des écrivains laissent reposer et relisent quelques jours après, une fois l'esprit dégagé. Et prenez soin de vous : n'écrivez pas dans la marge nul, pas bon, maladroit en rouge, mais à revoir, à améliorer, remplacer. Pour atteindre votre but, écrire votre livre, efforcez vous de rester positif : vous n'êtes plus à l'école ! Ce n'est pas ce que vous espériez ! Pas grave, vous avez tout le temps de revenir sur les faiblesses de votre texte, et de les modifier.

14/Les bonnes habitudes : grammaire et orthographe

Rien de pire pour un éditeur que de recevoir un manuscrit bourré de fautes, d'erreurs typographiques, de conjugaisons hasardeuses. On ne fera pas de différence entre le fond (ce que vous racontez) et la forme (la façon dont vous l'écrivez). Et un merveilleux récit truffé de fautes n'aura que peu de chances pour un lecteur pressé. Corrigez vous, faites vous relire, utilisez des logiciels de correction.

15/Apprendre à se connaître

Amusez vous de temps en temps à mettre par écrit vos habitudes d'écriture, faîtes des statistiques sur votre production, repérez vos tics, vos expressions : votre style est en train de naître, découvrez votre ton, si particulier, vos forces, et vos faiblesses. N'attendez pas l'inspiration, provoquez la en utilisant vos habitudes, elle deviendra alors une alliée indispensable ! Vous êtes unique, sachez pourquoi !

LES DIFFERENTS JETS DE VOTRE MANUSCRIT

16/Laisser reposer, puis reprendre

Un livre est comme un pain : il faut laisser reposer la pâte. Une fois le premier jet achevé, changez vous les idées, allez au cinéma, occupez vous de vos enfants, de votre femme, regardez la télé, oubliez votre histoire ou votre thèse. Résistez à la tentation de retravailler immédiatement votre manuscrit. Vos yeux et votre esprit doivent redevenir clairs pour passer à la phase suivante.

17/Travailler le fond
Première tâche de la relecture : détecter les invraisemblances, les outils, les changements de nom, les détails qui se contredisent. Pour emmener le lecteur avec vous, votre crédibilité doit être indiscutable : traquez les imprécisions, les dérives, les outils….

18/Travailler la forme

Troisième jet : la plume à la main, repérez les lourdeurs, les fautes, les coquilles, les maladresses, les phrases trop courtes ou trop longues. Le dictionnaire et le manuel de grammaire seront vos meilleurs alliés dans cette longue quête. N'hésitez pas à lire à voix haute : les dialogues artificiels, les descriptions interminables ou les séquences argotiques inutiles ne survivent généralement pas à ce traitement !

19/Reprendre, encore et encore

Le véritable travail de l'écrivain commence à la réécriture : reprendre chaque phrase, chaque paragraphe, chaque page pour parvenir à l'efficacité, l'économie de moyen. Dire tout ce que vous avez à dire sans remplissage, sans perte de temps, sans bavardage.

20/Quand s'arrêter ?

Je réécris mes textes jusqu'à huit fois : certains auteurs dépassent la quinzaine de versions. Certains ne vont pas plus loin que trois ou quatre versions : à vous de découvrir votre façon de travailler. En règle générale, quand vous ne supportez plus votre histoire, recommencez au début de cette page : oubliez votre livre, profitez de la vie avant de passer aux étapes suivantes !

LIRE

21/Un écrivain est d'abord un lecteur

L'écriture s'apprend par imprégnation : lisez, lisez, lisez !!!
Les chefs-d'œuvre et les navets, les classiques et les nouveautés, les romans mais aussi la poésie, le théâtre, la philosophie : repérez les techniques, les astuces utilisées par vos confrères. Ayez toujours un livre près de vous, dans les transports, le week-end, chez le dentiste dans la salle d'attente. Tous les grands écrivains sont d'abord de grands lecteurs. Et vous seriez étonné par le nombre d'aspirants auteurs qui n'ouvrent jamais un livre ! Erreur fatal n°1. Votre objectif minimum : 1 livre par semaine, soit 52 par an !

22/Les bibliothèques

Les bibliothèques deviendront vite des endroits stratégiques pour votre projet d'écriture : passez-y du temps, cela vous sera rendu au centuple. Tenez vous au courant des dernières nouveautés, consultez les encyclopédies. A Paris et dans la plupart des villes, les municipalités vous permettent d'y avoir accès gratuitement, ou à des tarifs très bas : vous n'avez plus aucune excuse de ne plus lire !

23/Les livres de poche

Le livre de poche représente également un allié précieux : à bas prix, et dans un format pratique, il vous permettra d'emmener partout de la lecture, de glisser les plus grands textes dans votre sac de voyage, ou dans la boîte à gants.

24/Ebay et les brocantes

Autre moyen de se constituer une bibliothèque importante et variée à peu de frais : Ebay et les brocantes, j'y achète régulièrement, pour un euro ou deux, des ouvrages vendus jusqu'à 25 euros à leur sortie ! J'adore fouiner dans les vide greniers, passer d'étal en étal, et découvrir parfois des trésors oubliés (la lecture mène aussi très rapidement à la bibliophilie).

25/La presse

Autre source d'inspiration : la presse, faites votre revue de presse gratuitement sur Google actualité tous les matins, rendez visite à votre kiosque régulièrement, repérez les faits divers à réutiliser dans votre prochain polar, et prenez des leçons d'écriture, efficace et sous contrainte. Les journalistes passent leur temps à écrire à l'économie, dans des formats très précis et très vite : prenez en de la graine !

CONSEIL LITTERAIRE

26/Les limites de chacun

Quand on travail beaucoup sur un manuscrit, arrive un moment où l'on ne voit plus rien : ni les qualités ni les faiblesses, ni les coquilles d'ailleurs. La meilleure chose à faire est alors de se tourner vers un avis extérieur.

27/Avoir un avis professionnel

Un conseiller littéraire vous épaule dans votre démarche : relisant consciencieusement votre texte, il saura vous orienter, vous donner des pistes pour améliorer l'ensemble, et soigner les détails.
Choisissez de préférence un conseiller ayant une véritable expérience du monde de l'édition, et ayant déjà publié lui-même.

28/Rewriting

Le rewriting consiste à reprendre un manuscrit, et à traquer toutes ses faiblesses : répétitions, fautes, incohérences, ruptures de ton à corriger, mais aussi trouvailles de style, bonheurs d'écriture à mettre davantage en avant.
Lorsque je réécris un manuscrit, je me mets à la place et dans la peau de l'auteur, et je cherche à ce que son message et son histoire bénéficient du meilleur traitement possible, tout en ayant en tête en permanence les contraintes de l'édition.

29/Diagnostic littéraire

Vous souhaitez effectuer le rewriting vous-même, mais bénéficier quand même d'un avis extérieur ? Alors le diagnostic littéraire est fait pour vous : j'établis un rapport précis sur votre texte qui vous donnera la bonne direction pour l'améliorer, et je corrige les vingt premières pages afin de vous montrer précisément comment faire.

30/Coaching littéraire

Vous êtes perdu ? Mon Coaching littéraire saura vous remettre en selle : rewriting, diagnostic ? Édition traditionnelle, édition indépendante, édition en ligne ? A partir de votre propre expérience et de vos attentes, je vous donnerai les clefs pour prendre les bonnes décisions, et devenir, vous aussi un écrivain !

CORRECTION

31/Le correcteur de Word

Utile pour une première correction, il montre cependant vite ses limites. Si vous souhaitez produire un texte le plus propre possible, investissez dans un logiciel indépendant, et performant.

32/ProLexis

Il n'existe que deux références sur le marché francophone actuellement : Antidote et Pro Lexis. N'utilisant que le second, je vous conseille de vous renseigner également sur le premier, nettement moins onéreux.
La version professionnelle de Pro Lexis est un peu chère si vous ne produisez pas beaucoup, mais la version Petit Pro Lexis (environ 90€) vous sera vite indispensable : vérification de l'orthographe, de la grammaire et de la typographie, vous ne pouvez plus vous en passer !

33/Orthographe

Je me repère, mais vous devez être très vigilant : en France, une faute d'orthographe devient vite une faute de goût, et une raison de ne pas vous lire. Pensez à passer par un correcteur humain professionnel si vous en avez la possibilité ou l'occasion, c'est un investissement que vous ne regretterez pas, et vous serez surpris du nombre de fautes qu'il relèvera. Autrefois, pas moins de 7 correcteurs se succédaient pour corriger les volumes de la Pléiade chez Gallimard.

34/Grammaire

Même chose, révisez vos classiques, les impropriétés, les conjugaisons, les confusions indicatif/subjonctif !

35/La chasse aux coquilles !

Un professionnel de l'écriture consacre une bonne partie de son temps à pourchasser les coquilles, toutes les erreurs qui parsèment son texte. Pourquoi ? Parce qu'il s'agit là du savoir écrire et donc du savoir vivre du petit monde de l'édition, guère réputé pour son envie d'expérimentation. C'est un univers de traditions que personne ne vous expliquera à moins que vous ne le demandiez. Anticipez donc tout cela dès le départ en connaissant et maîtrisant les règles de présentation de l'écrit.

MISE EN PAGE

36/Le fond et la forme

Respectez les usages de l'édition pour la présentation de votre manuscrit : environ 1 500 signes par pages, double interligne de grandes marques (ça permet à l'éditeur d'annoter directement votre texte), une police simple et usuelle (Garamond ou Times), fuyez les polices fantaisie illisibles ! Choisissez un papier 80 grammes, une reliure solide. Rares sont les personnes qui font la différence entre le fond et la forme : un texte génial présenté de façon amateur perd 80% de sa crédibilité instantanément !

37/Pour les indépendants

Apprenez les bases de la typographie, les usages, sachez ce qu'est une veuve ou une orpheline, une lézarde, un texte en drapeau, les espaces insécables. Cela vous permettra de vérifier le travail de mise en page de votre livre si vous le confiez à un prestataire de services ou un free-lance.

38/Prenez multi support !

On peut désormais publier sur papier, sous forme d'ebook, de fichier HTML, de mail. Tous ces supports nécessitent un message mis en forme, afin d'être lisible et de donner une impression de sérieux et d'engagement personnel. Connaître les rudiments du typo et de la mise en page est indispensable !

39/Références

Procurez vous le manuel complet de typographie, de James Felici (25€ chez Peachpit Press), et vous aurez toutes les informations nécessaires sous la main, en permanence.

40/Services pour les particuliers

Produire un manuscrit qui aura toutes ses chances chez un éditeur coûte cher : correction, conseil littéraire, mise en page, logiciel, mais écrire professionnellement n'est pas un hobby : c'est une passion et un métier. N'hésitez pas à investir, à vous former, à passer par des professionnels qui vous feront gagner du temps et de la crédibilité ! Et puis, combien coûte votre voiture, votre écran plat ou votre collection de DVD ? Tout est question de choix, et de priorités.

MARKETING

41/Écrire et/ou éditer= la moitié du travail

Le marketing, la promotion de votre livre représente 50% du temps et des efforts nécessaires pour obtenir des résultats : forums, blogs, salons, articles dans la presse, tous les moyens sont bons pour faire parler de vos bouquins, ne négligez pas cet aspect ! En indépendant ou chez un éditeur, la promotion est vitale.

42/Web marketing

Investissez vous dans l'Internet, maîtrisez le : c'est aujourd'hui le moyen le plus puissant, et le moins cher, pour toucher votre public. Découvrez quel est votre public, ses centres d'intérêts, cultivez votre niche, mettez en place une stratégie.

43/Communiqué de presse

Pensez à un communiqué de presse, en parlant non pas de vous, mais du contenu de votre livre, de sa cible et de ses besoins !

44/Allez chercher vos lecteurs

N'attendez pas que vos lecteurs vous découvrent, allez les chercher. Créez votre blog, partagez votre expérience quotidiennement, l'enthousiasme est communicatif ! Faites des campagnes d'e-mailing, cultivez et développez votre réseau. Un livre sans promotion, aussi simple soit elle, c'est un livre sans lecteur, et donc un livre mort.

45/Écrire et revenus

Écrire rapporte assez peu financièrement : la totalité des pros cumulent enseignement, journalisme, édition ou conseil pour générer un revenu suffisant. Marc Lévy ou Anne Gavalda représentent des exemples de réussite exceptionnelle et rarissime !
Quand on débute, il vaut mieux penser à l'aboutissement que représente une publication, et aux économies réalisées en s'intéressant sérieusement à la conception, la fabrication et la promotion d'un livre. Pour les essais/documents, le principal bénéfice provient du statut d'expert qu'un livre vous confère, par rapport à vos concurrents.

DEMARCHER LES EDITEURS

46/Synopsis et manuscrit

Lorsque vous envoyez votre manuscrit à un éditeur, joignez un synopsis (un résumé en une ou deux pages), une lettre d'intention présentant votre projet, un mini CV en rapport avec votre thème. Allez voir leur site et regardez si vous pouvez envoyer votre texte par mail ou par voie postale. Lisez le catalogue et renseignez vous sur la production de l'éditeur.

47/Étude de marché

N'envoyez pas un roman de science fiction à un éditeur spécialisé dans la poésie ou la cuisine bretonne ! Dans votre bibliothèque de quartier, lisez les livres des maisons que vous visez !

48/L'état du marché

Les grands éditeurs (Hachette, Grasset, Gallimard) acceptent un manuscrit de roman sur mille en moyenne ! Pensez plutôt aux petits et moyens éditeurs, qui savent encore prendre des risques sur des inconnus. A moins que vous n'ayez un très épais carnet d'adresse.

49/L'édition indépendante

Si tout monde vous refuse, créez votre maison d'édition, publiez vos textes avec Bod, ThebookEdition ou Lulu. Faites parler de vous, bougez vous, et les éditeurs traditionnels vous regarderont différemment. L'édition indépendante n'est pas une fin en soi, mais un passage, lancez la machine et devenez mercenaire, à votre propre service, à l'affût des opportunités.

50/L'édition électronique

D'ici à quelques années, la moitié au moins de la production littéraire sera sous forme d'ebook. Vous pouvez anticiper le mouvement, et diffuser déjà vos œuvres ainsi. C'est un moment unique pour les auteurs, profitez de cette chance !

Envie d'aller plus loin ? Ne restez plus seule face à la page blanche, donnez sa chance à votre manuscrit, et laissez moi révéler l'écrivain qui est en vous !

Micro-édition à domicile

1) Première étape : la conception

Jusqu'à présent peut être, l'ordinateur n'était pour vous qu'un loisir ?
Il peut désormais vous permettre d'augmenter vos revenus en éditant à domicile vos propres écrits.
Ce dossier complet contient 8 fiches : apprenez en lisant cette fiche, à mettre tous les atouts de votre côté pour monter vous-même votre propre structure d'édition indépendant à domicile.
Laissez vous donc guider en suivant pas à pas :

Comment devenir un éditeur à domicile ?

Un investissement limité

Impossible pensez-vous ? Cela nécessite trop de moyen, de savoir faire, de travail et de temps ? Pas obligatoirement :

- **Le savoir faire :** nous vous donnons les bases de celui-ci avec les fiches.
- **Pour les moyens :** vous allez découvrir qu'il ne faut pas forcément de grands moyens financiers pour se lancer. Un minimum d'investissement de départ, comme par exemple ce dont vous vous servez actuellement : un micro-ordinateur.
- Pour le travail : Oui, il en faudra, vous le savez bien : les choses ne tombent pas du ciel, comme par magie. Mais Rome ne s'est pas fait en un jour : vous pouvez très bien travailler librement en dehors de vos heures d'emploi salarié à l'extérieur, à vos loisirs, quand bon vous semble et à votre rythme, sans pression, en ajoutant semaine après semaine, une pierre à l'édifice.

Profil recommandé

Une chose est essentielle, si vous voulez que le succès soit au rendez vous : croire réellement en votre projet. Il faudra en outre :

- Avoir le goût de la recherche
- Être persévérant
- Avoir de la suite dans les idées
- Posséder quelques notions de psychologies

Imprimés et micro-édition

Comment réaliser son matériel publicitaire off line (plaquettes commerciales, lettres de ventes….), faire la mise en page et éditer des livres, périodiques, publications spécialisées, mensuels et d'autres newsletters ? Comme vous avez déjà pu vous en rendre compte, beaucoup de concepts d'activités à domicile peuvent passer par la fabrication d'imprimés. Même si vous ne souhaitez pas monter une entreprise d'édition, lire le dossier complet vous sera toujours utile. Je vous explique comment, étape après étape, tirer parti de la micro-édition.

Découvrez comment vous pouvez, seul, devenir un véritable homme-orchestre de l'édition et cumuler différentes activités :

- Celle du rédacteur
- Du metteur en page
- De l'éditeur
- Et du vpciste

Activité indépendante

Ce type d'activité n'est pas à classer dans la catégorie salarié à domicile mais dans celle du travailleur indépendant. Il faudra donc vous déclarer en nom propre (en micro entreprise, entreprise) voir, plus tard, en société.

Nous vous donnons toutes les solutions pour avoir votre propre maison d'édition à domicile. Tout ceci, avec un faible investissement de départ et en prenant très peu de risque par la suite.

Mais passons en revue toute la chaîne des opérations d'une entreprise d'édition à domicile : de l'idée initiale du livre au produit fini et commercialisable. Commençons donc ci-dessous par le commencement : le choix crucial des idées….

Le choix du concept, des idées et du manuscrit

Le livre, voie royale de la connaissance

Vous n'avez pas de gros moyens de départ et désirez monter votre structure en vendant vos propres produits ? Si vous ne deviez retenir qu'une idée, ce serait celle-ci : vendre du papier et des idées et les vendre un bon prix, voilà une des clef de la réussite. Cette notion, aussi simple soit elle, justifie amplement la présence de cette fiche. Encore faut il trouver la bonne idée susceptible de plaire à un public bien précis. Deux idées importantes :

- Le texte est une matière première gratuite à produire (celle ne demande que du temps et du travail)
- Par ailleurs, encore beaucoup de domaines entretiennent une certaine rétention d'informations.

En proposant l'accès à cette connaissance, vous faciliterez la vie à nombre de personne intéressées par un sujet particulier. Votre rôle sera en fait de collecter et d'organiser les informations. Grâce à votre travail, vous épargnerez ainsi à vos lecteurs, toutes les longues démarches pour réunir eux-mêmes les informations qui les intéressent et leur ferez gagner ainsi un temps précieux. Encore faut il savoir trouver les bons thèmes.

Trouvez une niche

La page que vous êtes en train de lire n'a pas vraiment le profil d'un roman littéraire, ni d'un texte classique de livre, mais il en a pourtant la spécificité et l'usage. C'est un produit de l'entre deux, un produit hybride et se lancer aujourd'hui avec ce type de produit peut s'avérer des plus rentables. L'objectif au départ est donc de chercher des idées neuves, pour concevoir par la suite des textes qui répondent au besoin et à l'envie précise d'un public ciblé, un public de niche pour parler en terme de marketing. Votre but n'est pas d'écrire pour le public le plus large possible. Laissez cela aux grandes maisons d'éditions.

Les guides techniques de formation

Votre imagination doit vous conduire à une nouvelle conception de l'idée du livre. Les guides pratiques, et autres manuels, à faire soi-même, les méthodes, les guides regroupant des informations complètes, un savoir faire sur un thème.

Suivez les tendances :

Inspirez vous de livres qui marchent actuellement, dans le domaine des livres pratiques. Voici quelques exemples non exhaustifs :

- La santé, la forme et le bien être
- Le développement personnel, l'ésotérisme
- Les livres pour enfant
- Les manuels sur une technique particulière : les "1001 façons de créer du trafic sur son site web" par exemple, ou " Comment tirer des revenus de son site web", ou encore "Apprendre à faire des économies", "Devenir pigiste en 10 leçons "etc....
- Les annuaires répertoriant toutes les adresses utiles d'un même secteur : exemple "4000 maisons de retraite en France". Outil idéal pour tous les enfants cherchant ce type d'organisme pour leurs parents car il est souvent très difficile de trouver une place dans ce type d'établissement pour les personnes vieillissantes.

Ce ne sont là que des exemples repérés dans la presse, à vous de trouver vos propres sujets.
Servez vous aussi des statistiques sur le livre et l'édition, que publie chaque année le Syndicat National de l'édition dont voici l'adresse postale et électronique :

Choisir si possible un domaine qui vous intéresse, vous passionne, où encore que vous connaissez déjà bien. Développez vos connaissances pour devenir l'une des personnes les plus compétentes dans votre domaine. En maîtrisant parfaitement votre sujet, vous pourrez plus facilement déceler les interrogations, les zones à éclaircir et les services à rendre pour venir en aide à tous vos lecteurs.

Rappelez vous : n'importe quel thème, aussi futile qu'il puisse paraître au départ, peut, s'il est bien documenté, intéresser un type précis de lectorat, un niche de lecteur bien spécifique.

Où chercher les informations ?

- Dans les bibliothèques, les médiathèques, les librairies, la presse, sur Internet, dans les émissions de télévision, à la radio....
- Demandez des documentations des éditions spécialisées dans les guides. Faites vous parvenir, par exemple, des catalogues des éditions Dangles, De Vecchi, Marabout etc.... : elles sont en permanence à la recherche de nouveautés. Étudiez leurs catalogues et leurs livres et faites de même, sans pour autant les copier.

- Empruntez les idées à des jeunes maisons d'édition du monde entier en train de réussir. Être à l'affût des bonnes idées. Restez toujours à l'écoute des idées pour les appliquer ailleurs et autrement.
- Surfez sur l'Internet étranger pour découvrir les nouveaux sujets dont on parle et qui risquent fort, dans quelques temps, d'arriver dans nos pays. Vous aurez peut-être la chance les premiers à profiter d'une mode : le succès est alors assuré.

Rassemblez le maximum d'informations sur votre thème pour donner naissance à un guide conçu intelligemment, bien documentée, utile et pratique.

Élaborez un plan détaillé

Réunissez toutes vos idées et organisez-les : construisez au préalable un plan squelettique répertoriant hiératiquement toutes ces idées. Les idées doivent s'articuler entre elles de manière harmonieuse. Plus votre plan sera détaillé, plus il vous sera facile de passer à l'étape décisive, celle de l'écriture. Utilisez les introductions, les chapitres, rubriques, sous rubriques, conclusions etc.….

Réfléchissez au médium utilisé

Vous devez bien vous mettre en tête également, qu'un bon livre est un ouvrage différent des autres. Des voies inexplorées existent encore au niveau de la forme comme du contenu. Le livre d'accord, mais également les newsletters, les lettres hebdomadaires disponibles par abonnement, qui tiennent vos lecteurs en haleine d'une semaine à l'autre.

N' y a-t-il que sous la forme de pages papier que la connaissance peut être diffusée ? Les informations peuvent par exemple, être facilement délivrées :

- Directement sur un écran par le web (comme cette fiche par exemple)
- Ou encore via un CD-ROM, un DVD de manière interactive.

D'autant plus que vous pouvez vous procurer ce type de produit pour quelques euros seulement et le revendre avec une forte marge bénéficiaire. Un simple graveur de CD ou de DVD suffit pour enregistrer les données numériques sur ce type de support.

Complémentarité

Pensez également à la complémentarité d'un site Internet d'informations : vous commercialisez des informations sur support sous la forme d'un livre sur lequel vous donnez l'adresse de votre site Internet : des informations supplémentaires seront données directement en ligne sur ce 2ème support. Un bon moyen pour :

- **Faire "d'une pierre 2 coups "**: l'occasion pour vous d'une publicité gratuite pour votre site et augmenter ainsi l'audience de ce dernier en créant une petite communauté virtuelle sur votre thème.
- **Être en prise directe avec vos lecteurs** : par l'intermédiaire d'un formulaire ou d'un simple e-mail vous recueillez toutes leurs questions, leurs interrogations. Vous déterminez avec précision qui sont vos lecteurs : votre cible est établie avec netteté. Idéal pour enrichir vos informations en répondant à l'attente précise de vos lecteurs.
- **Créer un forum sur votre site** : faites réagir vos lecteurs, organisez des débats.
- **Constituez un annuaire payant** (petites annonces, de sites web sur le même sujet, etc.…)

Une des idées les plus inventives est Française

Enfin pour finir, voici le cas original d'une personne ayant de la suite dans les idées. Il y a quelques années, un petit éditeur a eu l'idée géniale de publier un livre d'après lequel une sculpture de chouette coulée dans l'or, d'une valeur de 150 000€ (1 million de francs), serait enterrée quelque part en France. L'ouvrage, qui comporte des énigmes à résoudre pour résoudre pour retrouver le précieux butin, s'était vendu à plusieurs dizaines de milliers d'exemplaires, tout cela sans bruit, sans qu'on en entende parler de cet éditeur inconnu. Si l'on ajoute les ventes par correspondance de matériels associés (détecteurs de métaux…) et les dizaines de milliers de connexions (minitel/Internet) mensuelles, dues aux échanges d'informations entre chercheurs et à leurs contacts avec l'auteur, cette nouvelle quête du graal est le nec plus ultra de l'interactivité. C'est aussi une telle rente pour l'inventeur.

Pour la résumer cette idée rassemble donc : un livre, un objet précieux, un réseau Internet et des produits/ gadgets en VPC. Autant dire qu'on a à faire ici à une véritable entreprise, basée sur l'énigme, née d'une idée toute simple, celle de la chasse aux trésors. Ici, le mot clef de l'affaire est le mot secret et le point de départ est un livre. A vous d'en faire autant…

La phase d'écriture

Votre choix s'est arrêté sur une idée : vous pensez que vous pouvez en tirer un guide pratique et consistant propre à satisfaire un public ciblé. Passez alors à l'étape essentielle, celle de la rédaction de votre manuel. Quelles sont les différentes possibilités d'obtenir le rédactionnel pour votre ouvrage micro édité ? Nous vous donnons ci-dessous toutes les pistes.

La rédaction effective

Passez à l'étape délicate de la rédaction : beaucoup de personnes sont réticentes à écrire un livre car elles ne se sentent pas capables. Pourtant, vous n'avez pas besoin de talent littéraire particulier pour écrire un guide mais bel et bien de retranscrire au lecteur, le plus fidèlement possible, vos idées. Rédiger un manuel ne doit donc pas vous effrayer.

Le plus important est d'avoir de bonnes idées de départ et surtout l'envie de rédiger soi-même son texte, le reste n'est que travail et structure. Tout le monde a les capacités d'écrire : c'est simplement une question de motivation.

Pourquoi ne pas tenter alors l'expérience ? Cela ne coûte rien mis à part du temps, du travail et du papier. Car du travail, c'est vrai, il en faudra : pour la recherche de documentation, pour défricher ces documents et pour l'écriture effective de votre ouvrage.

Techniques d'expression écrite : vous n'êtes pas là pour écrire un poème ou un roman littéraire. Vous faites un livre pour communiquer des idées pouvant rendre service à vos lecteurs.

- Toutes les idées doivent être exprimées de façon claire et correcte
- A l'aide de phrases simples et courtes, allant à droit l'essentiel
- Le langage utilisé doit être le plus simple possible, sans être pour autant simpliste.
- Les mots employés compréhensibles par tout le monde. Les termes techniques doivent être définis et expliqués avec précision.
- Exprimez vous dans un style vivant et dynamique : votre texte doit interpeller le lecteur.

- Utilisez des phrases interrogatives, des mots en gras, italiques ou soulignés etc.
- Aérez votre texte pour qu'il soit plus agréable à lire et pour en faciliter les recherches internes : ajout d'introductions amenants les sujets, conclusions synthétiques, titres, sous-titres, rubriques, une idée par paragraphe avec retour à la ligne.
- Le texte achevé doit être relu et corrigé de toutes ses éventuelles fautes syntaxiques et orthographiques.

Soyez inventif, n'oubliez pas que le public est friand de découverte. Truffez donc votre ouvrage.

- D'adresses utiles (postales et électroniques de toutes sortes)
- De références
- Schémas d'explication, de diagrammes, de tableaux
- De techniques (avec des noms intrigants)
- De règles d'or et d'autres trucs et astuces
- De différentes manières de s'y prendre
- De choses à ne pas faire
- De différents types de contrats, de formulaires pré remplis
- De textes juridiques
- D'aspects sociaux et financiers
- De chiffres parlants
- De statistiques détaillées etc....

Qui peut rédiger votre livre ?

Répétons-le : écrire vous-même votre guide st la solution qui demande le plus de travail mais qui reste, somme toute, la plus économique et par la suite, la plus rentable : cela n'exige aucun investissement, si ce n'est l'achat de documentations. Mais pour des raisons, vous souhaitez ne pas vous occuper de toute la partie rédactionnelle de votre ouvrage.

Trois autres solutions s'offrent alors à vous :

- **1- Commander un stock de livres directement à un éditeur** spécialisé, à un tarif avantageux, en prenant soin de sélectionner la spécialisation la plus sûre et la plus rentable. Le livre est donc déjà écrit par un auteur que vous ne connaissez pas et déjà publié par un éditeur avec lequel vous êtes en relation commerciale. Le plus facile mais aussi le plus onéreux et donc le plus risqué. Le tarif unitaire est bien entendu dégressif plus le nombre d'ouvrages commandés augmente. A vous d'évaluer vos risques.

- **2- Repérer les titres qui marchent** relativement bien à l'étranger dans la V.P.C. (les Etats-Unis et l'Allemagne) ont souvent de bonnes idées d'éditions), les importer et les faire traduire. Attention, royalties à reverser à l'éditeur et /ou à l'écrivain lors de la vente de ces ouvrages sur votre territoire. Nécessite l'établissement obligatoire d'un contrat signé par les 2 parties stipulant différentes clauses particulières. Des frais de traduction sont également à prévoir.

- **3- Faire sous traiter le travail d'écriture** à un rédacteur professionnel. Vous avez une idée de livre, vous mûrissez un titre accrocheur, déterminez l'esprit de l'ouvrage, la façon de l'écrire, élaborez un plan détaillé, recherchez des livres et autres documentations sur le même thème et confiez l'écriture à une personne pour ses talents de rédacteur ou pour sa connaissance précise d'un sujet. Pour certains manuels techniques, vous avez la possibilité de recruter dans les milieux universitaires ou professionnels. Peut être serez vous dans l'obligation de rewriter le manuscrit, si vous aviez confier le texte à une personne compétente dans un domaine donné mais s'exprimant mal à l'écrit. C'est à vous de voir, vous pouvez également passer par des rewriters professionnels : ce sont des spécialistes du style et de la syntaxe qui relisent le texte en le débarrassant de ses fautes (grammaticales, contresens, redites, reformulation de certaines phrases peu compréhensibles, regroupement d'idées et de thèmes). Pour faire écrire votre livre, vous pouvez également effectuer une recherche dans votre région à partir des pages jaunes à "écrivain", "écrivain public" ou "rédacteur spécialisé ": avant de choisir votre rédacteur, renseignez vous sur ces méthodes de travail et demandez lui des préférences pour juger ses capacités rédactionnelles. Les écarts de tarifs peuvent être très grand. Cette personne, pourra être rémunérée au forfait ou à un pourcentage sur les ventes.

Le syndicat National de l'édition a mis au point 2 contrats type d'édition, dérivés de la loi de 1957 : l'un pour les livres de littérature générale, l'autre pour les livres techniques, scientifiques : Site web : http://snedition.fr
Si le sujet vous intéresse, vous pouvez également vous renseigner au centre de documentation du Cercle de la librairie à Paris dont voici les coordonnées :

Cercle de la librairie
35, rue Grégoire de Tours
75 006 PARIS

Développement, "nègre" et pseudonymes

Développement de votre affaire d'édition : l'affaire se révèle encore plus juteuse, si vous abordez différents domaines (ayant des points communs entre eux), avec pour chaque secteur un rédacteur spécialiste travaillant en Indépendant à son domicile et rémunéré au forfait par vos soins. Petit à petit, vous serez à la tête d'une petite équipe indépendante de rédaction sans vous trouver dans la situation contraignante d'embaucher des salariés.

Nègre : dans les cas, ce sera toujours vous l'éditeur et même l'auteur si vous le désirez : en effet, vous pouvez utilisez le travail d'écriture d'un rédacteur en signant de vote nom le livre à sa place. Cela est tout à fait légal. Plus connu dans l'édition sous le terme de "nègre", cet écrivain rédige anonymement pour quelqu'un qui le signe, un travail littéraire. Le nègre cède alors ses droits d'auteur et de propriété intellectuelle de l'œuvre qu'il a écrite. Sa rémunération est fixée forfaitairement dans un contrat.

Pseudonymes : vous pouvez également, si vous désirez ne pas faire apparaître votre nom sur les livres, prendre ce que l'on appelle, un pseudonyme littéraire. Cela peut être utile pour une deuxième raison : en multipliant les sorties, il sera peut être nécessaire d'adopter différents pseudonymes pour marquer plus fortement l'identité de chaque collection de livres.

Vous pouvez même pousser cette politique du délégation beaucoup plus loin, en évitant de chercher vous-même des clients, et en esquivant le processus de fabricant du livre comment :

Cas particulier du rédacteur à domicile pour le compte d'éditeurs

Les librairies sont souvent submergées par l'arrivée massive de nouveauté. Mais curieusement et contrairement aux idées reçues, les maisons d'édition sont à l'affût en permanence de livres, mais de livres intéressants et surtout rentables. Pourquoi ne pas réfléchir et présenter vos concepts d'ouvrages pratique à des éditeurs spécialisés.

1- **Construire son réseau relationnel** : il faut tout d'abord vous faire connaître et constituer un solide réseau de contacts avec ces éditeurs. Vous leur proposez ensuite vos idées de manuscrits, ordonnées en plans détaillés et accompagnées de titres accrocheurs. Plus tard, avec la confiance installée entre les 2 parties, ce seront les éditeurs eux-mêmes qui vous passeront commande de la rédaction d'un ouvrage sur un thème à la mode.
2- **Contactez les magazines** : ce qui fonctionne bien également, est de proposer ce type de service pour le compte de certains magazines. Beaucoup de revues, pour équilibrer leurs comptes, publient en effet des ouvrages plus ou moins spécialisés en fonction de leurs créneaux. Elles y trouvent là de nombreux avantages : frais publicitaire quasiment nul et lecteur parfaitement ciblé. Saisissez cette opportunité.
3- **Désengagement du processus de création** : ultime étape, si l'on pousse l'idée du rédacteur pour le compte d'auteur à l'extrême : vous faîtes écrire par une tierce personne, un rédacteur professionnel, le guide spécialisé pour le compte de l'éditeur avec lequel vous avez un contrat. Vous gagnerez moins certes, mais cette situation vous épargnera tout le travail de conception. Cela vous laissera le temps de développer votre réseau de maisons d'édition tout en restant à l'affût des idées de manuels qui marchent. Bien entendu, l'auteur est un nègre qui travaille pour votre compte mais c'est votre nom qui apparaît sur la couverture des ouvrages. Vous n'êtes alors plus qu'un agent intermédiaire entre l'éditeur et l'auteur et ne gagnez de l'argent qu'avec vos idées. Plus elles seront bonnes, plus les ventes d'ouvrages grossiront et plus vos revenus augmenteront.
4- **Rémunération** : vous toucherez comme n'importe quel auteur des droits d'auteur (même si vous avez préalablement fait écrire l'ouvrage par une autre personne en tant que nègre), à chaque fois que votre livre sera vendu en librairie (entre 5 et 10% du prix) et à chaque réédition si réédition il y a. Vous vous mettrez d'accord pour que vous receviez des avances sur vos futurs droits d'auteur, pour que celles-ci couvrent vos frais d'écriture. Les droits que vous récolterez par la suite, seront tout bénéfice et constitueront une sorte de rente.
5- **Statut** : si vous rédigez des ouvrages pour le compte d'éditeurs, vous serez considéré comme écrivain et vous relèverez donc de la caisse des auteurs de l'Agessa (association pour gestion de la sécurité sociale des auteurs) dont voici l'adresse du siège social et le lien web :

**Agessa
21, bis rue de Bruxelles
75 009 PARIS
Site web : agessa.org**

Saisie et la mise en page

La rédaction de votre texte est terminée : vous avez écrit (ou fait rédiger par une autre personnel) votre guide pratique. Vous avez en main des dizaines voir des centaines de pages sur votre sujet, qu'il va falloir rendre lisibles et accessibles à vos lecteurs.

Une grande étape dans l'élaboration de votre ouvrage est celle de la mise en page, ne négligez pas cette étape : cette opération participant à l'aspect final de votre guide, constitue un grand pas de l'évolution de votre manuscrit vers l'ouvrage imprimé.

La saisie

Lors de la rédaction, saisissez votre texte brut à l'aide d'un traitement de texte sur votre ordinateur (type Word ou autre) ou d'un simple éditeur de texte (style bloc-notes, wordpad…). Rédigez votre texte par paragraphe, sans tenir compte des longueurs de ligne et sans effort de mise en page. Concentrez vous seulement sur ce que vous écrivez, sur le sens de votre texte. Vous pouvez également, bien entendu, rédiger directement à partir de votre logiciel de mise en page favori.

L'utilisation d'un traitement de texte est très simple. Certains préfèrent écrire à la main cela reste tout de même une perte de temps : les ordinateurs sont tout de même bien pratique pour ce genre d'activité. Sur l'écran, votre livre prend rapidement forme sous vos yeux, à chaque étape il se modèle d'avantage, le texte malléable, se structure et s'enrichit petit à petit. Vous pouvez copier, déplacez des blocs de texte voir les supprimer. Le texte virtuel est alors bien plus maniable qu'un texte manuscrit, et les corrections bien plus faciles à effectuer, sans rature et sans flèche partant dans tous les sens. Avec l'ordinateur, vous n'obtenez plus un brouillon incompréhensible, mais déjà un texte prêt à être mis en page.

Pensez à enregistrer régulièrement votre texte sur le disque dur de votre ordinateur. Chaque séance de travail sera également mémorisée par précaution sur un support de stockage amovible externe (disquette, Zip, CD,…).

Relecture du tapuscrit

Le texte de votre ouvrage est entièrement saisi. Imprimez-le alors sur feuilles de papier : la lecture d'un texte est tout de même beaucoup plus agréable imprimé que visible sur un écran d'ordinateur. De toute évidence, une préparation et des relectures s'imposent :

- Le texte a peut être besoin d'être restructuré pour être plus cohérent. Plusieurs moutures sont parfois nécessaires pour bien amener le texte et les idées et affiner ainsi le sens global.
- Il faudra relire votre texte plusieurs fois : ne serait-ce que pour le débarrasser de ses éventuelles fautes d'orthographes et grammaticales. Rien n'est plus désagréable qu'un livre rempli de fautes. C'est important : il en va la crédibilité de votre texte et de votre ouvrage.
- Faîtes relire vos pages également à vos proches : une vision neuve de votre texte permettra de déceler les dernières erreurs qui vous ont échappées. Par ailleurs, le sens du texte doit être réellement compréhensible par tous.

Vous êtes alors enfin prêt à mettre en page le texte ainsi produit par vos soins. Votre texte doit alors prendre la forme d'un texte d'ouvrage. La mise en page est la première étape de transformation de votre texte en vue d'obtenir au final, un produit manufacturé, consultable par tous.

La mise en page

Il n'y a pas si longtemps, la chaîne éditoriale était des plus complexes, avec l'intervention de nombreux spécialistes et des techniques lourdes à gérer pour une indépendant : mais il y a quelques années, l'apparition de l'informatique est venue tout simplifier. Par exemple, la mise en page assistée par ordinateur peut être effectuée par vous-même, à votre rythme et à partir de votre domicile.

Conseils de mise en page : mettre en page un texte de guide pratique n'est vraiment pas sorcier et ne nécessite pas de grande compétence, d'autant plus que vous pouvez suivre les exemples de milliers de manuels vendus déjà dans le commerce. Vous avez sûrement déjà chez vous, sous la main, des guides de ce style. Inspirez vous de leurs mises en page intelligemment :

- **Aérez votre mise en page** : utilisez fréquemment les retraits, les 2 points, les puces et les retours à la ligne.

- **Pagination :** la numérotation des pages de votre livre se fait automatiquement par logiciel. Les chiffres peuvent être agrémenté d'un motif/logo revenant sur toutes les pages.
- Petits éléments graphiques se répétant sur le haut ou sur le bas de toutes les pages et donnant une identité forte à votre ouvrage.
- **Répétition du chapitre/titre** du chapitre sur le haut ou sur le bas de toutes les pages : repère permettant au lecteur de savoir rapidement dans quel chapitre il se trouve.
- **Faites des titres, des sous-titres** avec une graisse plus épaisse.
- **Pour le texte lui-même** : utilisez une police de caractère lisible (si possible avec shérif comme les Garamond, les Times…).
- **Accentuez les mots importants** en gras, italiques, ou soulignez les : donne du dynamisme à votre texte.
- **Réservez les typographies plus originales** aux titres et aux rubriques.
- **Annotations** en bas de page en italique sous un trait.
- **Insérez des éléments graphiques**, des tableaux, des diagrammes d'explications, des schémas illustratifs, des photos/dessins en N/B, des petits symboles et autres pictogrammes : égayez vos pages en les rendant plus graphiques donc moins ennuyeuses.
- **Encadrez les adresses** : les coordonnées que vous donnez motivent souvent les lecteurs en excitant leur curiosité. Mettez les en avant en les faisant ressortir de votre texte.

Évitez les kilomètres de texte plat et insipide. Soignez la mise en page pour rendre votre texte, vivant et agréable à lire. Vous pouvez étaler votre manuel d'illustrations couleurs, mais vous devez savoir qu'il peut y avoir une grande différence de prix au niveau du tirage entre un livre illustré en couleur et celui ne comportant que du texte et des graphiques en noir sur blanc.

Pour la couverture : prévoyez la en une ou deux couleurs. Si vous désirez intégrer une photographie, vous pouvez la retoucher au préalable avec votre logiciel de retouches d'images favori. Photoshop est le nec plus ultra dans ce domaine. Si vous souhaitez réaliser un logo ou des dessins vectoriels, il faudra vous tourner vers des logiciels comme illustrator.

Logiciels de mise en page : en ce qui concerne la mise en page, le logiciel le plus connu est sans conteste Quark Xpress. Pour citer un exemple parmi tant d'autres, tous les magazines distribués en kiosque l'utilisent. Depuis sa sortie initiale en 1987, Quark Xpress est le logiciel de mise en page et de conception phare du secteur de l'édition dans le monde entier. Ses fonctionnalités avancées, qui vont d'outils complets de mise en page et de création des graphiques jusqu'à des fonctions sophistiquées de prépresse et de sortie finale des documents, vous assistent tout au long du processus d'édition. Il s'agit de la solution de choix adoptée par tous les intervenants clés de l'édition, notamment les spécialistes de la mise en page, les typographes, les rédacteurs et les imprimeurs.

La mise en page s'effectue en ouvrant et positionnant à la souris des blocs de textes ou d'images sur des pages au format prédéterminé par vos soins. Voici quelques unes des fonctionnalités intéressantes de Quark Xpress :

- Des palettes amovibles et interactives pour visualiser et modifier un certain nombre de paramètres sur textes (choix des polices de caractères, des tailles, des tabulations, option italique ou gras….), images,
- Feuilles de style et couleurs
- Bibliothèques d'éléments utilisés fréquemment
- Contrôle typographique extrêmement précis
- Habillage des formes irrégulières

- Prévisualisation avant import d'images, de photos ou de graphiques de toutes sortes avec liaison au texte
- Rotation des textes et illustrations au centième de degrés près
- Fonctions d'anamorphose et d'effet miroir horizontal et vertical
- Impression de pages discontinues
- Palette de contrôle pour affecter aux objets et aux images position et dimension
- Attributs typographiques du texte
- Identification des polices installées et suggestion de substitutions intelligentes en cas de polices manquantes sur votre système
- Des dizaines de filtres d'import/export, et support automatique de documents composés
- Séparation des couleurs (pour l'imprimerie)...

Grâce au logiciel Xpress, les modifications graphiques et autres corrections typographiques de toutes sortes sont grandement facilitées. En outre, le travail achevé, vous prendrez soin de conserver le support de stockage numérique (disquette, zip, CD) : vous pourrez plus tard mettre à jour rapidement votre texte pour une éventuelle réédition. Une grande partie du travail sera donc déjà réalisée pour la question de la mise en page, vous irez donc vite.

Xpress est un des logiciels les plus professionnels du marché pour la mise en page, donc le plus cher. Dans la même veine, il existe également PageMaker. Ces logiciels étant hauts de gamme, si vous débutez, il serait préférable peut être de s'équiper meilleur marché. La seconde liste que nous vous donnons comporte des logiciels suffisants à couvrir largement les tâches de mise en page de texte, et pour des somme beaucoup plus modestes :

- Microsoft Publisher par exemple, est quant à lui le logiciel de mise en page le plus accessible pour un débutant et permet d'obtenir rapidement des résultats. L'apprentissage se réalise sans difficulté au fur et à mesure de l'utilisation grâce à une prise en main claire et guidée avec mini démonstrations, 18 assistants dont un pour la création de logos, et des conseillers de mise en page et d'impression (sur imprimantes personnelles ou chez l'imprimeur) de livres, de brochures, de livrets, de mise en couleur...
- Avec un logiciel de traitement de texte style Word, également, vous pouvez réaliser aisément une mise simple de votre guide pratique.

Ajout constitutif d'une édition professionnelle

Généralement, un ouvrage édité professionnellement se doit de comporter les pages de constitution suivantes :

Pour le début de votre guide :

- **Une première de couverture** (la couverture face avant) : titre sous-titre- auteur- maison d'édition+graphisme à votre convenance.
- **"2 de couverture"** (le verso de la couverture en question) : généralement vide.
- **Une page de garde**, feuillet blanc, placé au début et à la fin d'un livre.
- **La page du titre** reprenant les éléments textuels de la première de couverture.
- **Sur le verso de cette page** de titre inscrivez l'I.S.B.N. et l'avertissement légal protégeant vos écrits :

Toute représentation ou reproduction, intégrale ou partielle, faite sans consentement de votre entreprise d'édition est illicite (loi du 11 article 40, 1er alinéa).

Cette représentation ou reproduction illicite, par quelque procédé que constituerait une contrefaçon sanctionnée par les articles 425 et sur Code Pénal.

Tous droits réservés. Aucune reproduction, même partielle y compris photocopies, microfilm, enregistrement, scanners, stockage sur ordre n'est légale sans autorisation.

Tous les produits sont des marques déposées de leurs société respecter. Ajouter une note de l'éditeur si besoin est : annotations juridique.

- **Une page table des matières** ou sommaire découlant tout naturellement de votre plan détaillé.
- **Un avant propos**, une préface et/ou une introduction.
- La légende de l'ouvrage, accessoirement si elle existe.
- **Des remerciements**
- **Enfin, tous les chapitres** constituant la matière principale de votre ouvrage.

Traditionnellement, les usages de l'édition veuillent qu'on trouve également au final d'un ouvrage :

- **Un index de fin d'ouvrage :** liste alphabétique des mots clefs, des sujets, des noms, apparaissant dans votre ouvrage, avec les références permettant de les retrouver (n° de page- chapitre, etc....). Très utile pour l'orientation de vos lecteurs, pour trouver rapidement une information à la volée.
- **Les mentions obligatoires :** dépôt légal, I.S.B.N, le copyright année d'impression.
- Une page avec au bas, la phrase :

    - **Achevé d'imprimer sur les presses de l'imprimerie X, ou mention micro édition si il y a lieu : n'oubliez pas de mentionner sur votre livre imprimé en micro édition numérique ou imprimé et relié par nos soins.**
    - **Date**
    - **Dépôt légal date, n°.**

- Une page mention imprimé en France (ou un autre pays).
- Une page de garde vierge
- 3 de couverture : généralement vierge.
- 4 de couverture (le dos de votre ouvrage) : répétition titre, auteur, un texte de lancement/ résumé pour éveiller l'intérêt de vos lecteurs, les points forts de votre livre puis en bas : I.S.B.N., code barres, prix en euros. La maison d'édition, son adresse, éventuellement en petit caractère l'auteur de la couverture.

La distribution commerciale de votre ouvrage

Dernier point, l'étape final : la vente proprement dite du produit que vous avez créé. Cette cinquième étape, celle de vendre soi-même son ouvrage pose souvent problème à ceux qui se lancent dans ce type d'activité. Beaucoup de personnes considèrent en effet cette phase comme une étape insurmontable et l'envisagent avec beaucoup d'appréhension. Elle n'est pourtant qu'une étape de plus mais il est vrai, une étape relativement importante : vous allez pouvoir tester, en grandeur réel, tout le travail que vous avez accompli durant des semaines. En fait, cette étape peut être même simple quand on sait comment débuter et que l'on avance pas à pas, sans brûler les étapes. De plus, elle n'est pas nécessairement très onéreuse quand on applique les techniques ci-dessous.

Les 7 étapes de la vente

Comment démarrer votre affaire en amorçant les ventes ?

Votre manuel sera bien entendu commercialisé par correspondance. Voici concrètement les 7 principes étapes du déroulement de la vente :

1- Repérez tous les supports spécialisés comme les journaux, les magazines, les mensuels ayant un rapport direct (ou complémentaire) avec le concept et les idées de votre ouvrage.
2- Passez des encarts publicitaires dans ces supports : des petites annonces de 4 à 6 lignes peuvent suffire au départ pour attirer l'attention de personnes intéressées. Cela ne vous reviendra pas très cher, tout au plus quelques dizaines d'euros par support. Finissez votre annonce par le traditionnel Doc.gratuiteC/enveloppe timbre à votre adresse. Vous pouvez également demander à vos clients une enveloppe timbrée pour la réponse : cela éliminera les curieux et vous ne recevrez des demandes que de particuliers vraiment intéressés par ce que vous proposez. De plus, vous serez exonéré des frais postaux pour l'envoi de votre documentation commerciale.
3- Sur leurs demandes, faîtes parvenir à ces clients potentiels, une documentation de vente gratuite sur votre guide ayant pour objectif de commercialiser ce dernier. Bien entendu, cette lettre de vente pourra être, elle aussi, élaborée chez vous, en micro édition : une à deux feuilles A3 de couleur imprimées sur votre imprimante laser. Conservez un bon de commande à découper à la fin de cette lettre. Vous pouvez également faciliter la commande, en glissant dans votre mailing, une enveloppe pré timbrée pour le retour (du bon de commande accompagné du chèque). La poste édite maintenant des enveloppes toutes prêtes, avec l'impression directe du timbre sur celles-ci.
4- Faîtes des tests : abandonnez les magazines qui ne vous apportent pas suffisamment de demandes de documentations et à contrario, axez vous sur ceux qui fonctionnent en réitérant, chaque semaine ou chaque mois, le passage de votre annonce.
5- De même testez vos annonces : affinez leurs contenus rédactionnels suivant leurs résultats postaux.
6- Par ailleurs, profitez en pour retoucher certaines parties de votre ouvrage en vous aidant de ce premier rapport avec vos prospects. Vous pouvez même développer des parties qui intéresseront vos lecteurs, voir des chapitres entiers, jusque là laissé en friche, si le besoin s'en fait sentir. Vous aurez certainement des lettres, des e-mails de demandes de renseignements particuliers, de félicitations ou au contraire de dénigrements. Gardez les toutes, étudiez les et modifiez les informations de votre manuel en conséquence, en intégrant les demandes particulières. Vous enrichirez votre contenu tout en réalisant un produit informatif ultra ciblé. Votre objectif : obtenir à la fin de cette opération une corrélation quasiment parfaite entre le client, l'annonce et votre produit.
7- Vous réceptionnez les bons de commandes et les chèques de vos clients dans votre boîte aux lettres et envoyez à leurs destinataires respectifs, vos colis par la poste.

Fournitures d'emballage

En ce qui concerne les fournitures d'emballage, une première solution consiste à utiliser les poste livres produits par la poste : ce sont des pochettes indéchirables et désignées agréablement, conçues pour les ouvrages (système de protection à bulle) et déjà pré timbrées. Vous n'avez plus qu'à introduire vos livres à l'intérieur de ces pochettes, les refermer avec le système autocollant et les glissez à l'intérieur de n'importe quelle boîte postale. C'est une solution très pratique et les tarifs sont dégressifs suivant les quantités achetées. Mais ce n'est certainement pas la solution la moins onéreuse.

Pour évaluer d'autres tarifs d'emballages, vous pouvez également vous tourner vers le spécialiste en la matière, la société Raja, le leader européen de la vente par catalogue et à distance de fournitures et équipements d'emballage aux entreprises : des milliers de produits livrables en 24/48h sont disponibles à partir du site www.raja.fr .

L'opération spéciale du contre remboursement postal

Laissez à vos clients le choix de vous passer commande en contre remboursement : ces derniers pourront alors acheter votre produit sans envoyer de règlement. Facteur apportera le colis à vos clients contre la somme que vous aurez préalablement fixée.

Le système de contre remboursement comporte au moins 2 avantages pour votre client :

- Il le rassure tout en crédibilisant votre entreprise : votre affaire étant inconnue à la base, le particulier est certain de recevoir la marchandise puisqu'il reçoit la marchandise à l'instant où il la paye. Si il paye, il reçoit un produit et si il reçoit votre produit, vous êtes rémunéré. Les 2 parties sont donc satisfaites et les escroqueries ne sont plus possibles. Terminé les consommateurs ayant payé mais qui n'ont jamais reçu la marchandise.
- Cette opération de C/Remboursement facilite l'achat : le client peut passer sa commande en toute simplicité en envoyant facilement un fax, un e-mail ou un simple appel téléphonique en précisant sa demande. Il n'y a plus de chèque à faire. L'acte d'achat peut être impulsif : les obstacles et autres barrières psychologiques à la consommation sont fortement atténuées.

Si vous envoyez votre ouvrage en contre remboursement, il vous faudra remplir 2 bordereaux postaux (1 fiche envoi en recommandé+1 mandat carte remboursement) qu'il vous faudra remettre à un guichet de la poste. Bien entendu, cette opération vous coûtera un supplément : à vous de répercuter ce tarif sur le prix de vente unitaire de votre ouvrage (ou le compter en sus, de manière distincte).

Site Internet publicitaire

Pour accentuer votre développement commercial construit un site de promotion sur la toile :

- Ce site reprendra toutes les idées de votre lettre de vente (à chaque idée importante, une page web)
- Mais pas seulement : enrichissez votre site d'un contenu informatif qui mettra à vos lecteurs (vos acheteurs potentiels) l'eau à la bouche et augmentera leur désir d'acheter votre ouvrage.
- Référencez votre site correctement avec des mots clefs bien choisis par rapport aux activités de votre manuel.

Élaborez vos propres techniques marketing

Voici quelques idées, à vous de développer les vôtres en relation avec le contenu éditorial de votre manuel. Incitez vos lecteurs potentiels à l'achat en les captivant :

- Par un petit livret micro édité, fascicule gratuit et mystérieux, sorte de condenser, d'ébauche du véritable livre, qui reprend les éléments déterminants des chapitres sans trop les dévoiler et donne envie d'en savoir plus.
- Complétez votre livre par une cassette audio promotionnel, vidéo et autre CD-ROM, DVD, un site Internet, des assistances téléphoniques, des jeux d'images, des autocollants, des gadgets de toutes sortes qui, excitant la curiosité de vos lecteurs, leur donnent envie d'en savoir plus.

Description des caractéristiques de votre ouvrage

Pour que vos clients ne soient pas décontenancés à la réception de l'ouvrage qu'ils vous ont commandés par correspondance (reliure non cousu ou non collé, dos non carré mais reliure spirale, anneau ou baguette, pages constituées de feuilles A4, etc.....), décrivez précisément les caractéristiques techniques de votre produit pour qu'il n'y ait pas de malentendu et de clients mécontents.

La vente par correspondance et à distance (V.P.C.D.)

Près de 10 millions de Français achètent des livres par correspondance. Vendre des produits par VPCD, depuis votre domicile, comporte de nombreux avantages :

- **La VPCD est très bien adaptée aux livres inconnus** ou d'idées neuves, aux biens culturels et d'informations. Les librairies sont surchargées et seulement quelques best-sellers peuvent être mis en vitrine. Les autres livres n'ont donc pas de grandes chances de trouver leurs clients. Bref, beaucoup de livres ont une très mauvaise exposition. A la différence, par un site web commercial ou par des mailings publicitaires ciblés, vous vous adressez directement à la personne concernée, en lui dévoilant exactement ce que le livre contient et en quoi il peut lui être utile. Vous faites alors correspondre votre offre à la demande. Et le livre trouve tout naturellement son public. N'oubliez pas : un livre n'est jamais qu'un objet muet, la publicité directe étant là pour le faire parler.

- **La VPCD permet d'échapper au système de diffusion et de distribution classique** onéreux comme les librairies (poste le plus cher chez un éditeur normal). S'auto distribuer de cette sorte offre donc de gros avantages : des frais de diffusion réduits ou inexistants, les frais de port étant à la charge du client (ou compris déjà dans le prix de vente).

- **La VPCD permet donc souvent de distribuer des livres à des prix plus compétitifs.**
- **La VPCD prolonge la vie du livre**, en favorisant la vente au-delà des délais normaux.
- **La VPCD permet de toucher une clientèle** qui ne fréquente pas les lieux de ventes habituelles. Librairies des milieux ruraux ou provinciaux mal approvisionnées (voir inexistantes), pas assez spécialisées, personnes intimidées par les lieux.

Une fois votre réseau clients constitué, il s'agira donc de le mettre constamment en éveil, à chaque nouveauté de votre catalogue de micro-édition.

La vente traditionnelle en magasin

Les librairies, maisons de la presse et autres bouquinistes : pourquoi ne pas tenter votre chance en démarchant les commerçants de livres de votre ville. Proposer leur de placer vos guides dans leurs boutiques. Avec le système du dépôt vente, chaque vente effectuée rapportera une commission à la librairie concernée. Ce procédé gagnant est rarement et un petit espace où montrer votre pile d'ouvrages, vous sera rapidement donné.

Les grandes surfaces : rien ne vous empêche de voir plus grand et de contacter les plus grands magasins et autres hypermarchés. Les grandes surfaces par exemple, possèdent toujours une section livres dans leurs magasins. Prenez un rendez vous avec un commercial, argumentez votre proposition d'affaire et analysez ce qu'il vous répond. Pourquoi ne pas tenter cette aventure commerciale, surtout si votre manuel comporte un contenu accrocheur et vendeur ? Notez qu'il reste assez rare de parvenir à ses fins dans ce type de lieu, mais sachez tout de même que de tous petits éditeurs régionaux ont réussi dans cette démarche. Pourquoi pas vous ?

Si, par extraordinaire, les responsables des grandes surfaces sont d'accord avec votre projet, il vous faudra respecter plusieurs points pour pouvoir écouler votre marchandise dans leur structure. Notamment être conforme à la vente dans ce type de grande surface : comme par exemple intégrer un code à barre imprimé sur la couverture de votre ouvrage pour faciliter le passage en caisse (détection automatique de l'article et du prix par la caissière, par lecteur code à barre).

Si les ventes fonctionnent, vous pouvez espérer décrocher un certain succès financier : car vous pourrez être amené à fournir tous les magasins du territoire Français de l'enseigne en question. Alléchant non ? Et pourquoi pas, devenir un mini Best-seller dans votre niche avec des dizaines de milliers de ventes !

Autres organismes : par ailleurs, si le sujet de votre manuel est spécifique à une activité, un corps de métier particulier, intéresse une association. Demandez à l'organisme/l'entreprise/l'association en rapport avec votre thème de placer un présentoir à l'accueil des locaux de celle-ci, l'occasion pour vous de déposer :
- Vos ouvrages en exposition vente, à la vue du personnel, des visiteurs et des clients de la structure
- Du matériel promotionnel sur ces derniers avec en insert, un bulletin de commande prêt à l'emploi.

Editeur, compte d'auteur ou auto édition ?

Comment voir son livre édité en France

L'édition d'une œuvre écrite : les solutions : trouver un éditeur ou être éditeur.

1) Un éditeur classique

Être édité à compte d'éditeur
Signer un contrat d'édition avec un éditeur qui en contrepartie versera des droits d'auteur.
L'auteur cède ses droits à l'éditeur (y compris les droits dérivés, adaptations..) en contrepartie d'un pourcentage sur les ventes, les droits d'auteur. Pourcentage sur chaque livre vendu, avec parfois le versement d'un à valoir (une avance sur les ventes) le taux de 2 à 20%, mais une centaine d'auteurs en France touchent des droits d'auteur annuel supérieurs au SMIC !

Combien d'auteurs ne touchent jamais de droits d'auteurs ? Parce qu'il y a parfois des problèmes (pas toujours d'à-valoir et parfois des paiement de droits uniquement après un minimum de livres vendus).

Droits d'auteurs : un éditeur verse des droits d'auteur (et leur fiscalité de droits d'auteur), le compte d'auteur verse une participation aux bénéfices (et l'obligation pour l'auteur d'avoir un statut lui permettant de déclarer la réception de telles sommes...).

L'auteur ne débourse officiellement rien (rien en frais d'impression, distribution, publicité...), mais les frais annexes de l'auteur (ses déplacements), peu d'auteurs peuvent se les faire remboursés et ils ne sont pas considérés comme des charges par les impôts (sauf à se mettre aux frais réels).

2) L'auto édition

Faire soi-même, être son propre éditeur

En nom propre, TRAVAILLEUR INDEPENDANT, en bénéficiant de la brèche juridique (voir fiscalité- rubrique après publication) ou utiliser une association si un statut interdit d'être TRAVAILLEUR INDEPENDANT que faire ? Créer une association, avec des proches comme membres et éditez cette association c'est le plus rapide, ce ne sera pas juridiquement 100% auto édition.

Je mets en trois :3) Le compte d'auteur

Notre cadre législatif, le code de la propriété intellectuelle, signale l'existence des pratiques compte à demi et compte d'auteur en spécifiant ces contrats ne constituent pas un contrat d'édition, au sens de l'article.132-1.

Ce compte d'auteur : une société vous fait payer la publication et parfois le maximum de services annexes. Ce qui est le plus souvent facturé : correction manuscrit (le résultat est souvent risible), composition, impression, formalités déclaration légale, distribution, promotion, gestion des commandes, facturations, livraisons exemplaires.

Un éditeur digne de ce nom doit prendre des risques sur un auteur, donc une société qui réclame de l'argent pour éditer un texte, qu'elle glorifie qui plus est, ne doit jamais être considéré par un auteur comme un éditeur digne de le publier. **TOUT CONTRAT PARTICIPATIF EST À REJETER**

L'auteur publié à compte d'auteur, ne reçoit jamais de droits d'auteur. L'auteur paie pour être publié et recevra (au mieux) des bénéfices à déclarer au fiscaux. Quand un auteur déclare des bénéfices non commerciaux, il doit avoir le statut de travailleur indépendant, comme en auto édition ! Les formalités fiscales de l'auto édition sans dépendance.
Attention, sur Internet des sites prestataires de services sont à refuser absolument (l'auteur n'a besoin que d'un imprimeur bientôt le livre papier disparaîtra).

Attention : le sociétés qui vivent du compte d'auteur misent sur la méconnaissance des apprentis auteurs (les publicités sont d'ailleurs le plus souvent ciblées).

A noter au passif : pourquoi l'absence de la nature du contrat (compte d'auteur) en employant les termes « Total Édition » « frais édition » dans le devis, alors que les conditions générales de distributions spécifient le contenu du contrat à impression et distribution ?

Pourquoi les sociétés compte d'auteur ne proclament pas sur leur site nous publions non compte d'auteur ? Le compte d'auteur a fort heureusement très mauvaise réputation et certains signent des contrats compte d'auteur sans en avoir conscience. Quelles sont les conséquences fiscales du compte d'auteur ?
« Si vous avez été refusé par les éditeurs, si vous avez uniquement été retenu par le compte d'auteur (même si leur site ou leur pub n'écrivent pas compte d'auteur, dès que vous payez il faut refuser) l'auto édition ce n'est pas pour vous !

Pourquoi considérer de la même manière l'ensemble des sociétés du compte d'auteur ? Mon principe, au moins est clair NE PAYEZ JAMAIS UN EDITEUR.
D'autres font des distinctions entre le pire et le moins pire. Je me tiens au regard de l'écrivain : s'il signe avec un éditeur c'est que l'éditeur lui apportera quelque chose de concret, ne lui réclamera pas un centime, lui versera des droits (si son livre se vend et même parfois un à valoir, même symbolique, est déjà un signe que votre éditeur s'engage, croit en vous. Combien Philippe Delerm a publié de livres avant de connaître le grand succès ?)

POURQUOI ETRE AUSSI EDITEUR-ETRE PUBLIE

Pourquoi être aussi éditeur ?

1) L'envoi aux éditeurs classiques (grands, moyens et petits) s'est soldé par des refus.

Il convient alors de se poser des questions essentielles avant d'opter pour l'auto édition :

- Les éditeurs contactés correspondaient ils à l'œuvre ?
- Faut il continuer la recherche d'un éditeur ?
- Faut il réécrire l'œuvre ?
- L'œuvre ainsi achevée mérite t-elle d'être publiée ?

Même si l'idée dérange l'ego : il faut souvent réécrire un texte refusé par l'ensemble des éditeurs ; comme dans toutes les règles, il existe des exceptions….

2) L'envoi aux grandes maisons d'édition et leur refus

Faut il passer par un petit éditeur ?

Il ne fait pas bon être petit éditeur de nos jours ! Les médias ont peu da considération pour eux. Les libraires préfèrent travailler avec des éditeurs qui assurent du chiffre, des ventres rapides.

Donc à quoi bon un petit éditeur ? A être édité, à être dans le monde de l'édition. Pour L'honneur ! Souvent pour entrer dans le monde de l'édition. Mais pas en vivre… Avoir un petit éditeur, c'est être obligé de conserver une activité annexe.

En cas d'activité annexe, cette voie peut être préférable à une auto édition à laquelle l'auteur n'aura pas le temps d'accorder un temps suffisant pour effectuer la promotion.

Attention : " les petits éditeurs" font souvent faillite, mais cela peut servir à obtenir une bourse d'un centre régional des lettres ! Alors qu'en auto édition, pour ces gens là, vous n'existez pas (en tout cas en région Midi Pyrénées de Martin Malvy).

3) Le refus de l'édition classique

Les droits d'auteurs se négocient traditionnellement de 8%à12% couramment les mille premiers exemplaires vendus ne donnent droit à rien, servent à couvrir les frais fixes de l'éditeur. Alors que l'auto édition, dès quelques centaines d'exemplaires vendus devient rentable.

Être son propre éditeur permet de vendre sans intermédiaire. Cette démarche se rencontre plus souvent dans la musique, mais comme dans la musique, pour en vivre (et non pour se faire plaisir en sortant un bouquin de temps en temps tout en ayant des revenus annexes) il faut du temps et du sérieux.

La composition livre, être imprimeur

Passer par un atelier de composition coût très cher, alors que le matériel informatique nécessaire à cette composition atteint l'abordable. Ne soyez pas surpris si une société vous demande plus cher pour effectuer la composition de votre manuscrit tapé à la machine que le prix de l'ordinateur et l'imprimante laser ! Sauf finances conséquences, il convient d'éviter les ateliers de composition.

Pour effectuer soi même la composition, il faut :
- Un ordinateur équipé d'un traitement de texte
- Une imprimante laser de résolution minimale pour un travail correct de 300 dpi.

Les compétences pour un travail sont minimes et facilement assimilables. Si vous ne souhaitez pas ou ne pouvez pas investir dans le matériel informatique, essayer de l'emprunter, de trouver un employeur, un proche ou une association qui vous laisse l'utiliser.

Un livre ou autre chose ?

Des personnes vendent des photocopies agrafées, parfois reliées. Certes, c'est nettement moins cher. Parfois même gratuit quand on a accès à une photocopieuse. Mais ces choses n'ont, à mon humble avis rien à avoir avec l'édition.

Il convient donc, quand on veut se prétendre auteur et éditeur, d'éditer un vrai livre, un livre dont fond et forme seront à l'abri des cinglantes critiques d'incompétence. N'oubliez jamais que si vous ne passez pas par un éditeur classique, de préférence.

Le format : tous les formats sont possibles ! Le format le plus classique est 14,8*21cm. Pour trouver votre format préféré, la solution la plus rapide est de regarder ce qui se fait, en librairie ou bibliothèque.

La couverture du livre : Nom ou pseudo de l'auteur, titre, domaine (roman, essai, poésie) Nom de l'éditeur : votre nom précédé de « Éditions » ou suivi de « Éditeur » ou un nom fictif(qui n'existe pas déjà bien sûr) ou »auto édition » ou « auteur éditeur »

4ème de couverture : le dos du livre)
N° ISBN et prix en bas, le reste de l'espace est à votre disposition est à votre disposition, la loi n°81-766 du 10 août 1981 oblige un prix unique pour le livre. Il est fixé par l'auteur éditeur, les librairies sont toutefois autorisées à pratiquer des remises n'excédant pas 5%.

L'intérieur du livre : Il convient de respecter quelques règles :

Pages1 et 2 : blanches
Pages 3 : titre du livre
Page 4 : »du même auteur »
Page 5 : reprise des données de la couverture
Page 6 : copyright, le copyright est obligatoire, il permet d'identifier le propriétaire des droits.

Notez : Nom du propriétaire des droits (l'auteur éditeur), ville de résidence, année du dépôt

Dernière page : composition : nom de la personne ou nom et adresse de la société qui effectua la composition.

Achevé d'imprimer sur les presses de l'imprimerie X à Y en mois Année, n° d'imprimeur : communiqué par l'imprimeur
ISBN : votre numéro d'ISBN. Dépôt légal : mois année (imprimé n France).

Avant l'édition bibliothèque nationale

Avant l'édition

L'ISBN (International Standard Book Number) est un numéro international normalisé permettant l'identification de tout livre publié.

Aux termes du décret n°8168 du 3 décembre 1981, pris pour l'application de la loi relative au prix du livre, ces numéros doivent figurer sur tous les exemplaires d'une même œuvre soumise au dépôt légal, ainsi que sur les déclarations de dépôt de l'imprimeur et de l'éditeur.
Ces numéros constituent, en France et à l'étranger, des points d'accès privilégiés à l'information bibliographique.
L'ISBN est géré par l'agence francophone pour la Numérotation Internationale du Livre AFNIL-35 rue Grégoire de Tours, 75006 paris
Pour demander votre numéro ISBN :

Dans le cadre du système international de numérotation des livres géré par l'agence internationale de L'ISBN Http://www.isbn-international.org, **L'AFNIL** (Agence francophone pour la numérotation internationale du livre) **est chargée d'attribuer des ISBN** (International Standard book Number) :

5- **aux maisons d'édition**
6- **associations**
7- **particuliers**
8- **entreprises**
9- **organismes privés**

Désirant publier ou produire des ouvrages.

Un manuel de l'utilisateur précisant les modalités d'attribution, d'utilisation et d'intégration de L'ISBN dans le code à barres (préfixe 978) est fourni par l'AFNIL lors de l'attribution des numéros.

L'AFNIL peut être jointe aux coordonnées suivantes :
35, rue Grégoire de Tours
75279 paris cedex 06
Tel. 01 44 41 29 19
(*Boîte vocale d'informations uniquement, les demandes sont à faire par faxe, courriel ou courrier*)
Télécopie : 01 44 41 29 03
Courriel : afnil@electre.com
www.afnil.org
Et demander un indicateur éditer ainsi que les numéros ISBN pour vos X prochaines publications.

X : le nombre de livres que vous pensez éditer dans les prochaines années. Soit 10, 100,1000

Le premier numéro d'ISBN figurera su votre première publication. CE numéro vous permettra d'être référencé.
ATTENTION sans ISBN : refus du dépôt légal…

Problème : refus de plus en plus fréquent d'attribuer un numéros ISBN pour l'auto édition, ils demandent le nom d'un imprimeur fournissez celui de notre devis retenu, page suivante) et notez tirage : 1000 exemplaires (en dessous, aux derrières nouvelles, ils refusent)

Montrer votre travail au plus de personnes possibles : pris dans un texte, on peut très facilement laisser passer des coquilles très préjudiciables par la suite. **Et surtout, avant l'édition, il faut prendre la décision d'être EDITEUR**. Des causes acceptables et être prêt à assumer les conséquences.
Causes acceptables :
- Votre livre pourrait être publié mais vous souhaitez l'indépendance, vous refusez l'édition à la française où un livre doit faire succès en quelques semaines où les invendus sont envoyés au pilon (100 millions de livres chaque années envoyés au pilon).
- Attention : si vous avez envoyé votre livre aux éditeurs et qu'il fut partout refusé, ce n'est pas une cause immédiatement acceptable, votre livre est peut être mauvais (je sais, ce n'est pas bien de vous dire cela, il vaut mieux vous faire croire que vous êtes un écrivain génial, incompris, trop original pour notre époque). Naturellement, vous avez pu recevoir de «comités de lecture» un éloge, si vous avez envoyé à une société de compte d'auteur votre manuscrit, mais pourquoi ils vous demandent de l'argent s'ils croient en votre talent ? Posez donc votre livre et reprenez le ensuite (vous le corrigez peut être !)
- Il est toujours préférable d'être son propre éditeur par volonté qu'en victime (refusé partout sauf chez les comptes d'auteur (c'est un principe général : méfiez vous des gens qui vous approuvent, remercient pour aussitôt vous demander de l'argent ! pas seulement quand vous avez votre manuscrit sous le bras !) avec ce compte d'auteur vous leurrerez peut être quelques personne en prétendant «j'ai été édité par un éditeur parisien» , comme on entend dans le salon du livre vous pourrez même essayer de faire croire que vous n'avez rien payé, je l'ai entendu ! mais très peu de monde va vous croire. Le plus souvent rien qu'en voyant le nom de l'éditeur, les visiteurs sourient et passent au suivant, naturellement vous serez accepté dans très peu de salons du livre avec le compte d'auteur.

Si l'auto édition vous semble trop compliqué ou trop chère : envoyez vous votre manuscrit en recommandé et achetez un nom de domaine (moins de 10 euros l'année avec hébergement) et présentez le. Au moins vous ne perdez pas d'argent !

N'oubliez jamais que l'auto édition est une alternative à l'édition classique quand le compte d'auteur n'est pas un contrat d'édition. Mieux vaut ne pas publier un livre, passer au suivant, que de signer avec une société de compte d'auteur. Mieux vaut ne pas publier un livre, que l'auto éditer si vous n'êtes pas prêt à le défendre.

Choisir son statut : évident : travailler indépendant surtout pas société au premier livre) voir URSSAF-IMPOTS

SUBVENTIONS ?
Des aides aux entreprises d'édition peuvent être attribuées par Direction du livre et de la lecture (subventions), par le Centre national du livre (avances remboursables) ou, à l'échelon régional,par les directions régionales des affaires culturelles (subventions).

Le centre national du livre attribue également des aides à la publication sous forme d'avances remboursables ou de subventions selon la catégorie éditoriale.

Dépôt légal des livres à la bibliothèque nationale et ministère de l'intérieur

Depuis le décret 2006-696 du 13 juin 2006 (voir le Journal Officiel du 15 juin 2006) le dépôt légal pour l'éditeur a été modifié :
- Deux exemplaires des ouvrages à la bibliothèque nationale et surtout **fin du dépôt au ministère de l'intérieur.** De même obligation de fournir des déclarations globales des chiffres des tirages successifs est supprimée.

Quand au dépôt légal imprimeur (si vous êtes votre propre imprimeur) : un exemplaire aux bibliothèque du dépôt légal imprimeur.

Dépôt légal –URSSAF-IMPOTS

1° DEPOT LEGAL France BIBLIOTHEQUE NATIONALE MINISTERE DE L'INTERIEUR éditeurs

LE DEPOT LEGAL EN France

Le régime du dépôt Légal, organisé par la loi du 21 juin 1943 et le décret du 21 novembre 1960, a pour but :

- De remettre la constitution d'une documentation centrale à laquelle peut se référer les services publics de l'état.
- D'assurer la conservation de la pensée écrite et de l'expression artistique.

Un double dépôt a été institué :

- à la régie du Dépôt Légal au MINISTERE DE L'INTERIEUR, pour les éditeurs.
- Au service du Dépôt Légal à la BIBLIOTHEQUE NATIONALE, pour les éditeurs et les imprimeurs.

Pour l'éditeur (donc l'auteur éditeur), 48 heures avant la mise en vente ou en distribution, il convient de :

- Envoyer deux exemplaires (1 seul exemplaires si le tirage est inférieur à 300) de l'œuvre et trois exemplaires de la déclaration de dépôt au Bibliothèque nationale de France.
  Service du dépôt légal
  Section livres Quai François Mauriac
  75706 Paris cedex 13
  Tel : 01 53 79 43 37
  Fax1 : 01 53 79 46 00
  Fax2 : 01 53 79 85 86
  Précision modification au 15 juin 2006, avant le dépôt était de 4 exemplaires, désormais2.

Ces envois doivent encore bénéficier plus de la franchise postale, par courrier, en franchise postale (indiquer sur l'envoi «Franchise Postale, Dépôt légal, Code du Patrimoine Article L.132-1»)

Déclaration de dépôt légal pour ouvrages et information du ministère de l'intérieur

Si vous êtes votre propre imprimeur (Paris et Ile-de-France : Bibliothèque nationale de France.
Service du dépôt légal
Section livres Quai François Mauriac
75706 Paris cedex 13 Tel : 01 53 79 43 37
Fax1 : 01 53 79 46 00
Fax2 : 01 53 79 85 86
2 exemplaires

Région : bibliothèque habilitée (BIB régional) 1 exemplaire
Un exemplaire de la déclaration de dépôt sera retourné à l'auteur éditeur par le ministère de l'intérieur et la Bibliothèque Nationale.
Toute édition (livres, brochures, estampes, gravures, cartes postales, affiches…), qu'il s'agisse d'une nouveauté, nouvelle édition ou réimpression, exige un dépôt légal. Ce

dépôt recouvre aussi bien le contenu que la forme (ainsi doit être déposé pour un même ouvrage chaque série, brochée, cartonnée, reliée…)
En plus des obligations du dépôt légal relevant de la loi du 21 juin 1943 , les éditeurs de publications destinées à la jeunesse ont obligation par la loi du 16 juillet 1949, au dépôt de 5 exemplaires au : Ministère de la justice-4 place Vendôme-75042 Paris Cedex 01.

Impôts

Revenus non commerciaux

Chaque année fiscale : bénéfices imposables ou Déficit déductible.

Utilisez les frais réel et non le forfait (si vous utilisez le forfait vous serez considérez bénéficiaire par rapport aux ventes même si les charges sont plus importantes !)
Formulaire 2035.
Consultez le centre des Impôts dont vous dépendez permet d'éviter les soucis ultérieurs.
La première déclaration aux impôts déclenche, une demande du service des impôts avec demande d'inscription SIRENE.
L'affiliation SIRENE : code APE 923A Activités Artistiques (numéro de SIREN et numéro de SIRET- établissement)

L'URSSAF
L'URSSAF les charges sociales, on fait parfois peur aux auteurs en agitant le terme URSSAF : Attention aux années fiscales, chaque année fiscale : bénéfices imposables ou déficit déductible.

Comme pour les impôts, c'est chaque année (donc si vous éditez en décembre 2008, vous avez un déficit en 2008 qui viendra se fondre avec vos autres revenus et aurez un bénéfice en 2009, d'où l'intérêt de l'édition numérique qui permet d'imprimer la quantité à vendre durant l'année).

Attention ! Si avant l'auto édition vous contactez votre centre des impôts, il vous enverra vers l'URSSAF, pour une affiliation qui sera suivie d'une immatriculation SIRENE, mais la grande différence : vous devrez payer les charges URSSAF (836 euros en 2008) qui vous seront remboursées si vos revenus auteur éditeur ne dépassent pas 4172 euros en 2008 (les chiffres varient chaque année.)
Pas d'inquiétude : lors de l'appel de cotisation, il vous suffit de renvoyer cet appel en précisant que vous êtes certain(e) de ne pas dépasser les 4272 euros de bénéfice durant l'année ; et pas besoin d'avancer l'argent Idem pour la contribution à la formation professionnelle des travailleurs indépendants (cfp)

La majorité des auteurs bien sûr ne consultent pas d'abord leur centre des impôts ! Et obtiennent ensuite l'affiliation SIRENE.
Ne dépassez pas environ 4000 euros de bénéfice annuel (voir chaque année les chiffres exacts ou soyez largement en bénéfice !

Pratiquez de l'auto édition en bénéficiant on pourrait dire de la franchise fiscale (le terme ne plairait pas aux juristes) ou en professionnel, passez de l'un à l'autre.

Ainsi sachez étaler dans le temps vos ventes, l'impression numérique offre aussi cet avantage (charge et recettes la même année plutôt qu'être déficitaire de 3000 euros une année puis bénéficiaire l'année suivante, il n'y a pas de report).
L'auteur auto édité doit aussi savoir gérer la fiscalité.

SECURITE SOCIALE

Si vous n'avez pas de couverture sociale liée à d'autres revenus, présentez votre cas à :
AGESSA (Association pour la Gestion de la Sécurité Sociale des Auteurs)
21 bis rue de Bruxelles
75 009 Paris
Tel : 01 48 78 25 00

L'Agessa ne prend pas en compte l'auto édition, sauf dérogation mais nul n'a intérêt !
(Vous avez sûrement déjà une couverture sociale) donc l'Agessa pas de problème.

La vente
Auteur éditeur vente directe sans intermédiaire

Quand l'auteur vend directement, sans intermédiaire, il est dispensé de TVA (s'il ne dépasse pas les 27 000 euros annuels et s'il n'a pas demandé à être assujetti) sur les factures délivrées par l'auteur éditeur, notez auteur éditeur, non assujetti à la TVA. Taxe sur la valeur ajoutée non applicable article 293B du C.G.I. Mais tout revendeur est assujetti à la TVA.

Tous les livres ont, en principe droit aux rayons des librairies. Dans notre chère réalité, certaines librairies acceptent de prendre en dépôt les livres qui ne sont pas publiés par un auteur d'une grande maison d'édition. Le montant de la remise que l'auteur doit consentir est à discuter.
Pratiques : entre 20et 40%

Entre le faire savoir et le savoir faire, j'ai opté pour la seconde formulation. J'ai la conviction, peut être naïve, que le savoir faire est suffisant, même si certain(e)s font fortune grâce au faire savoir. Mais est ce la vocation d'un auteur ?
Mon cas devient particulier (comme tous les cas), particulier niveau média, depuis Internet fait de l'auteur un média de référence (40 000 abonnés au webzine).

Dans tous les cas, il faut au minimum, se faire connaître des acheteurs potentiels. Vous pouvez :
- Le marketing direct, le mailing
- Les diffuseurs (remise classique 55%)
- Les dépôts dans un maximum de librairies
- La publicité insérée dans les journaux, avec coupon réponse.

Pour vendre sur la voie publique, il convient de se déclarer en préfecture colporteur ou distributeur de livres, écrits, journaux, s'adresser à la Direction des libertés Publiques et des Collectivités Locales.

Internet doit bouleverser ces pesanteurs, au sujet des librairies : de plus en plus de méfiance, certes si vous connaissez bien un libraire normalement, ça se passera bien. Mais, il est souvent difficile d'être payé, le responsable n'est pas là, vous tombez mal.

Les années où vous ne publiez pas, pensez aux frais généreux !(ordinateur par exemple) car bien sur vous pouvez déduire vos frais des revenus (essence, timbres, hôtel, ordinateur, encre...)

Au sujet du prix de vente, il convient de ne pas se tomber ! Inutile de vendre votre livre 50 euros en pensant ainsi rembourser rapidement vos frais !
Quand les libraires demandent une remise de 30à40% ! Tout dépôt de livre en librairie se fera donc à perte !

Protéger une œuvre : le droit d'auteur

Protéger une œuvre

Résumé de la législation : le droit d'auteur est expulsif, seul l'auteur en dispose. Dès sa création, sans la moindre formalité à remplir, l'œuvre appartient à l'auteur. Mais en cas de copies, sans protection, il lui sera difficile d'en prouver la paternité.

Il convient donc de protéger vos textes (avant l'envoi à un éditeur, à une sommité ou même à un imprimeur), chez un huissier, un notaire ou pour moins cher chez une société d'auteurs (voir ci-dessous autre solution moins chère).

La société d'auteurs la plus connus est :

Société des Gens de Lettres, SGDL Téléphone : 01 52 10 12 00 Fax : 01 53 10 12 12.
38 rue du Faubourg Saint Jacques
75 014 Paris
Ce dépôt est valable 4 ans et sera renouvelable pour une même période moyennant le paiement d'un nouveau droit.
Pour déposer une œuvre : Envoyer, en recommandé une enveloppe, dans celle-ci :

- Un chèque de 40 euros à l'ordre de la SGDL
- Une enveloppe fermée par un cachet de cire et contenant l'œuvre.

Sur cette enveloppe écrite :

- Nom, prénom et adresse de (ou des) auteurs(s)
- Le titre de l'œuvre
- La première et la dernière ligne de l'œuvre

Le titre d'un livre : un titre peut être protégé à la Société des Gens de Lettres. Le catalogue des titres utilisés se trouve à la Bibliothèque Nationale.

Attention : passé 4 ans, il faut repayer ou tout est détruit, donc à quoi bon payer ! La SGDL montre tellement peu de considération pour l'auto édition, inutile de l'enrichir. S'envoyer en recommandé, bien scotcher pour démontrer l'impossibilité d'ouverture avec à l'intérieur une œuvre, n'a pas de valeur légale, mais s'avère un indice de preuve (dans le domaine chanson, la sacem préconise d'ailleurs ce système)
La meilleur preuve étant le dépôt légal : après édition.

Diffuser votre ouvrage

Conseils pour la diffusion de votre ouvrage

Vous avez écrit un livre et vous souhaitez le partager avec votre entourage ou l'auto éditer pour le commercialiser auprès d'un lectorat plus large ? Votre manuscrit n'a pas été retenu par un éditeur à compte d'éditeur. Vous devez aujourd'hui hésiter entre l'auto édition et l'édition à compte d'auteur. Afin de vous guider dans votre choix, nous vous proposons une comparaison rapide entre ces deux solutions :

- Lorsque l'auteur paie un éditeur pour la conception, l'impression et la diffusion de son livre, il est édité à compte d'auteur. Ainsi, l'auteur paie pour être publié, il avance les fonds pour la fabrication de son livre. Et, bien souvent, cette participation couvre la totalité des frais d'édition, voire bien au-delà….En outre, il arrive malheureusement que la diffusion ne soit pas à la hauteur des attentes des auteurs. L'expérience de ces dernières années révèle que dans de nombreux cas les auteurs n'ont pas été satisfaits de cette prestation. Il faut également préciser que si l'ouvrage n'est pas vendu, les exemplaires publiés ne lui seront pas restitués, à moins d'en négocier un rachat.

- L'auto édition consiste à éditer soit même ses propres ouvrages sans passer par un éditeur. Vous conservez donc l'intégralité des droits patrimoniaux et des droits d'auteur sur votre œuvre. Imprimermonlivre.com, lulu.com, Bod.fr met à votre disposition des services de qualité professionnelle pour imprimer votre ouvrage (même en très petites quantités). Vous disposez également d'une première vitrine par le biais de son catalogue sur leur site Internet.

I. Avant l'impression, la réflexion

Il est important de déterminer le plus rapidement possible votre stratégie, trois points essentiels sont à prendre en considération :

- A qui souhaitez vous vendre ?
- Combien d'exemplaires pensez vous diffuser ?
- A quel prix ?

A. Le positionnement

Avant toute chose, réfléchissez au positionnement de votre ouvrage. Il est important de choisir un canal de distribution en fonction du thème que vous avez choisi d'aborder dans votre livre.

Posez vous donc les bonnes questions :
- A quel typologie de public ou de lecteur vous adressez vous ?
- Votre ouvrage est il un roman, une biographie, un témoignage ou un document ?
- S'agit il d'un ouvrage spécialisé ?

La connaissance de votre cible vous permettra de choisir et de concentrer vos efforts sur les lieux de diffusion les plus pertinents.

B. Le tirage

Il s'agit d'évaluer approximativement le nombre d'exemplaires que vous pensez vendre et /ou offrir. Le tirage est une question de coût et de bon sens.
Évaluez la demande potentielle globale :
- Comptabilisez vos proches, vos amis, vos voisins et votre entourage au sens large.
- Comptez quelques exemplaires pour les boutiques, commerces et librairies que vous pensez démarcher.
- Prévoyez quelques exemplaires à transmettre à des journalistes pour la promotion de votre ouvrage.
- Ajoutez éventuellement quelques ouvrages destinés à des éditeurs en vue d'un possible réédition à compte d'éditeur ou pour votre prochain ouvrage si la forme de ce premier ouvrage retient leur attention.
- N'oubliez pas les exemplaires nécessaires au dépôt légal (vous trouverez des informations complètes sur le dépôt légal en consultant nos aides en ligne http://www.imprimermonlivre.com/auto_edition.htm)

Attention : Avec l'ensemble de vos proches et de vos amis, vous risquez d'être trop généreux et d'offrir votre ouvrage à toutes vos connaissances. N'oubliez pas que votre ouvrage est un travail de longue haleine et que vous financez sa fabrication. Votre entourage comprendra que vous acheter l'ouvrage est normal.
Ne sous évaluez pas non plus votre diffusion afin de ne pas vous retrouver en rupture de stock trop rapidement, mais ne la surévaluez pas non plus : il s'agit de trouver le juste équilibre en pensant à votre budget et les moyens dont vous disposez.
Pour limiter la prise de risque, nous vous conseillons une impression minimale de 100 exemplaires et jusqu'à 400 à 500 exemplaires si vous n'êtes pas sûr de pouvoir consacrer suffisamment de temps à la diffusion de votre livre. L'impression numérique vous permet de procéder à de petits tirages tout en bénéficiant de tarifs intéressants.

B. Le prix
Bien entendu un des éléments clé dans l'acte d'achat sera le prix. Vous devez réfléchir au positionnement prix que vous allez adopter. L'auto édition présente un rapport qualité prix très satisfaisant mais au final de ne pas oublier, dans votre calcul de prix de revient unitaire, d'intégrer les frais annexes qui viendront se greffer tels que les frais postaux et d'emballage si vous envoyez votre ouvrage directement à vos clients, ou encore l'impression de tracts de promotion, par exemple. Interrogez vous sur votre objectif réel : diffuser votre ouvrage ou bien rentabiliser votre travail, les deux optiques sont différentes. L'idéal serait de couvrir vos charges et de dégager une marge. Mais quel type de marge désirez vous ? Attention, un prix trop élevé sera une barrière dans l'acquisition de votre ouvrage même si celui-ci est de très bonne qualité. N'hésiter pas à observer à quel prix sont vendus des ouvrages de même type en librairie, à titre de comparaison.
Ne négligez pas le cadre juridique du prix. En effet, la loi du 10 août 1981 a instauré le système du prix unique du livre. Chaque ouvrage a un prix fixé par l'éditeur et ce prix s'appliquera de la même manière à l'ensemble des détaillants. Pour ce qui est de la vente aux particuliers, il est possible de consentir un rabais maximal de 5%.
Déterminez le prix de vente en tenant compte du seuil de rentabilité de votre projet : vous souhaitez investir 750€ pour 200 exemplaires d'un ouvrage de 200 pages au format 14x20 ? Vous pensez pouvoir en vendre 50 exemplaires à vos proches et amis ? Si vous fixez le prix de vente à 15 euros la vente des 50 exemplaires couvrira les frais

d'impression. Toutes les ventes supplémentaires permettront alors de rémunérer vos efforts de rédaction et de promotion.

D. Note sur les aides aux auteurs

Certaines institutions comme le Centre National du Livre attribuent des aides et bourses à la création et à l'édition. Malheureusement ces aides ne sont attribuées qu'aux auteurs ayant déjà été publiés à compte d'éditeur. Si votre ouvrage traite de l'histoire locale, sachez que les municipalités sont parfois sensibles aux projets de ses riverains et dégagent des fonds afin de concourir à leur réalisation. La rédaction d'un ouvrage et son impression peut ainsi bénéficier d'un soutien de la part de votre municipalité. Renseignez vous donc à ce sujet.

II. Après l'impression, la diffusion

Avant toute chose, et selon les retours de certains des auteurs auto édités qui fait confiance, il est clair que diffuser un ouvrage n'est pas chose simple. Lorsque vous choisissez l'auto édition, c'est à vous de le distribuer et donc de vous lancer dans une logique de commercialisation. Si vous avez confiance en votre livre et que vous pouvez investir suffisamment de temps à sa diffusion, vous réussirez à atteindre vos objectifs. Certes vous ne disposez pas des moyens d'un grand éditeur pour mettre en avant votre ouvrage mais les moyens de se faire connaître et de diffuser un ouvrage sont nombreux. En voici une liste non exhaustive.

A. La diffusion via Internet

Le site Internet

Votre site vous permettra de faire connaître votre livre et ainsi gagner en notoriété. Vous aurez donc la possibilité de présenter votre ouvrage, d'introduire quelques passages, de proposer une vente en ligne.
Internet reste probablement le meilleur rendement. Vous pouvez créer votre site en utilisant l'espace qui est mis à votre disposition dans le cadre de votre abonnement Internet par votre fournisseur d'accès Internet. Toutefois, sachez qu'il est préférable d'acheter un nom de domaine auprès d'un hébergeur. Faites le avant l'impression de l'ouvrage, vous pourrez ainsi indiquer l'adresse du site sur la quatrième de couverture. Des lecteurs potentiels iront peut être chercher des informations complémentaires sur votre site avant de l'acheter. De plus votre site vous aidera à fidéliser vos lecteurs qui auront la possibilité de découvrir et de se procurer vos précédents ou prochains ouvrages. Mettez en place une lettre d'information pour les tenir informés de vos nouveautés et de votre actualité. Vous pouvez également proposer votre livre en téléchargement sur Internet. La version électronique sera ainsi lue et vous permettra éventuellement de soutenir les ventes de la version papier.
Référencez votre site en suivant les conseils du site www.abondance.com .
Vous trouverez en fin de ce guide les adresses des sites mis en ligne par des auteurs qui ont participé activement à la rédaction de ce guide, cela vous inspirera pour concevoir le vôtre.

La promotion sur Internet

Les articles sur des sites Internet peuvent vous apporter de nombreux contacts. Recherchez les sites littéraires sur Internet et ceux qui traitent du même sujet que votre ouvrage. Contactez les webmasters et présentez leur votre livre. Ils seront peut être intéressés et intégreront quelques lignes sur votre livre.
Participez à des forums pour présenter votre ouvrage et éventuellement votre site. Mais attention à ne pas abuser de ce type de messages qui sont assimilés à du Spam lorsqu'ils

sont éloignés des thématiques des forums. Lisez les règles de bonne conduite propres à chacun des forums et respectez les si les messages à caractères promotionnels sont expressément interdits.

- Certains sites Internet comme www.categorynet.com , www.businessportal24.com , ou www.paris-communiques.com vous proposent gratuitement la diffusion de communiqués de presse qui seront lus par des journalistes. Soignez particulièrement la rédaction de vos communiqués pour susciter leur curiosité et les inciter à visiter votre site ou, à défaut vous contacter.
- Pensez à communiquer l'adresse de votre propre site Internet lors de vos démarches sur les autres sites car chaque lien vers votre site peut vous aider à mieux le référencer sur les moteurs de recherche.
- Nous vous proposons également d'intégrer votre ouvrage à notre catalogue en ligne sur le site www.imprimermonlivre.com . Pour cela, il vous suffit simplement d'en faire la demande. Indiquez nous l'url de votre site Internet pour que nous fassions un lien vers le vôtre. Cette première vitrine vous aidera pour le référencement de votre site sur les meilleurs moteurs de recherche comme Google et Yahoo. Comme ont pu le remarquer certains de nos auteurs auto édités, en recherchant par un moteur de recherche le titre de votre ouvrage, la page de notre site concernant votre ouvrage arrive souvent parmi les premiers résultats sur les moteurs de recherche.

Les campagnes d'e-mailing

- Vous avez également la possibilité de rédiger un mail, ni trop long, ni trop court dans lequel vous reprendrez quelques informations clés relatives à votre ouvrage. Envoyez le à l'ensemble de votre carnet d'adresses.
- Un auto édité précise qu'un mail humoristique ou original pourra être diffusé de boîte en boîte, ce qui permettra de multiplier sa circulation à partir de votre liste de diffusion initiale. N'oubliez pas d'indiquer l'adresse de votre site sur ce mail.

La vente sur Internet

- Que vous ayez ou pas un site Internet, vous avez aujourd'hui la possibilité de vendre votre livre en ligne. Des sites proposent aux particuliers de vendre leurs produits neufs ou d'occasion.
- Ainsi Isabelle Maugars a opté notamment pour la promotion de son ouvrage via Internet et a été très satisfait du résultat puisque 500 livres ont été vendus en 3 mois. Pour pouvoir vendre directement en ligne, avec www.priceminister.com vous pouvez créer votre propre boutique dans laquelle vous avez la possibilité d'intégrer votre ouvrage dont vous fixez vous-même le prix (il s'agit d'un système différent des enchères). La création d'un compte et l'intégration de produits sont gratuites. Des acheteurs auront ainsi la possibilité de commander votre livre et de le payer en ligne par carte bancaire. Priceminister vous fera parvenir les commandes par mail, vous n'aurez plus qu'à expédier le produit. Priceminister vous rembourse le montant de la vente et des frais de port forfaitaires (diminué d'une commission) à échéances fixes, par chèque, virement. Si vous avez un site Internet faites un lien vers votre boutique sur le site de Priceminister. Ceci sera finalement plus économique que la création de votre propre boutique en ligne et ne nécessite aucune connaissance technique.
- Si vous souhaitez que votre ouvrage apparaisse dans les catalogues des principales librairies en ligne (fnac.fr, www.alapage.com et www.amazon.fr) la tâche est un peu plus compliquée, voir impossible. Ils utilisent en général les bases de données professionnelles, nous en reparlerons dans un autre paragraphe. Amazon propose un service, le programme Avantage (http://advantage.amazon.fr/gp/vendor/public/) qui vous permettra d'ajouter vos ouvrages dans leur catalogue. Malheureusement l'inscription à ce programme est payante.

B. La diffusion hors Internet

Création et dépôt de prospectus

- Si vous choisissez cette option, vous devrez rédiger et publier une maquette synthétique mais attractive. Elle doit donner envie de lire votre livre.
- Faites le tour des alentours et déposez des prospectus dans les boîtes aux lettres de vos voisins, envoyez le par la Poste à ceux dont vous avez l'adresse postale mais pas leur adresse mail. Vous obtiendrez certainement quelques retours.

La publicité dans le cadre d'évènements

- Il existe de multiples façon de la publicité : particulier à des salons littéraires ou thématiques, à des fêtes et évènements locaux, des expositions ou des congrès professionnels si votre ouvrage s'y prête. Il faut faire en sorte que votre ouvrage intéresse le public, pour cela, préparez votre discours et des arguments de vente convaincants.
- Pensez à distribuer votre prospectus lors de ces évènements. Ainsi les lecteurs potentiels qui n'auront pas acheté votre ouvrage pendant cet évènement pourront vous contacter ultérieurement.

Les articles de journaux

En règle générale, les diffuseurs/distributeurs refusent les auteurs auto édités, et même les petites maisons d'éditions qui ne peuvent présenter un programme éditorial ou ne publient pas au moins six à dix livres par an. Vous devez donc démarcher vous-même les libraires pour leur proposer le dépôt vente de votre ouvrage.
Cette solution appelée la mise en dépôt consiste à déposer chez eux un certain nombre exemplaire. En général, les librairies appliqueront une marge, puis vous restitueront les bénéfices des ventes ainsi que les invendus. La marge varie entre 30 et 40% du prix HT. En pratique, la majorité des libraires est à 30% et les grosses enseignes sont à 40% du prix HT. Préparez un formulaire pré rempli de mise en dépôt. Si les ventes sont fructueuses et que vos ouvrages s'écoulent rapidement, alors le libraire vous proposera probablement de vous en reprendre.
Il est bon d'avoir quelques documents sous la main :
- Le bon de dépôt (téléchargez un modèle : http://www.imprimermonlivre.com/Modelebondedepot.doc).
- La facture

Malgré quelques refus, vous obtiendrez également des réponses favorables. Démarchez en priorité les libraires selon la thématique de votre ouvrage. Beaucoup de librairies sont spécialisées ou privilégient un genre plutôt qu'un autre (policier, poésie, ésotérisme….).
Il est important de ne pas oublier que les libraires sont également des commerçants. En effet, les librairies sont souvent des gens accueillants mais aussi des commerçants pragmatiques. Rendez visite à vos libraires sans rendez vous mais évitez d'arriver aux moments de forte affluence. Présentez un exemplaire de votre ouvrage avec une brève présentation ou votre prospectus. Olivier Kuepfer a démarché le plus grand libraire suisse qui a gardé son ouvrage 8 mois en vente. S'ils pensent que votre livre est susceptible d'être vendu, alors ils prendront et, le mettront en évidence sur leurs étagères. En revanche, si le livre ne les intéresse pas, alors ils refuseront de le placer. Attention, cela ne signifie pas que votre ouvrage leur déplait, mais le sujet peut parfois être considéré comme trop pointu ou inadapté à la clientèle , relativisez et dites vous que même si votre livre ne fait pas l'unanimité, il peut être apprécié par d'autres.

Le référencement auprès des grands magasins culturels

- Les grandes enseignes telles que Virgin, la Fnac, Gilbert, etc.… commandent en général les ouvrages par dizaine mais elles paient à 30 ou 60 jours. Avant de démarcher chaque magasin, il faut vous faire référencer auprès de la maison mère. Rendez vous en magasin et discutez de votre projet avec un vendeur du rayon livre. Celui-ci pourra vous transmettre les coordonnées de la maison mère. Je vous conseille de téléphoner à la personne concernée de la part du vendeur livre, puis envoyez un exemplaire afin qu'il juge de la finition et du sujet. Si votre interlocuteur est intéressé, le référencement se fera en quelques jours. A vous ensuite de démarcher chaque magasin ciblé.

Le référencement dans les bases de données des professionnels du livre

Beaucoup d'auteurs nous demandent comment référencer leurs ouvrages dans les bases de données professionnelles utilisées par les librairies.
Il existe deux bases de données principales :

- **Electre**
  Electre est la base de donnée la plus importante, chaque ouvrage est décrit par des personnes spécialisées avec un résumé, des mots clés, une ou plusieurs classifications professionnelles et l'image de la couverture. D'après leurs modalités de référencement, les auteurs auto édités ne peuvent pas intégrer leur base. Dans la pratique, certains auteurs ont pu être référencé en justifiant d'un tirage très élevé ou en produisant des articles de presse pour appuyer leur demande.
  www.electre.com

- **DILI COM**
  DILI COM gère un fichier des ouvrages Fichier Exhaustif du livre utilisé par certaines librairies et sert d'appui à un grand nombre de bases de données commerciales sur le livre français. La procédure d'inscription pour les auteurs auto édités ou les petites maisons d'édition ne se fait pas directement auprès de DILICOM. Vous devrez entrer en contact avec la société **Cyber-scribe** avec qui Dilicom a un accord de coopération. L'inscription est gratuite mais le service de réception des commandes des librairies est payant : si vous voulez recevoir les commandes des librairies vous devrez payer.
  www.dilicom.net

Le référencement auprès de ces bases de données est utile mais limité si personne ne parle de votre ouvrage. Aucun libraire n'ira chercher votre ouvrage dans une de ces bases s'il n'a pas lu un article dans la presse.

Votre propre réseau

- Si vous pensez à votre famille, vos amis, vos collègues de travail, vos voisins ou vos activités associatives ou sportives vous disposez d'un réseau plus ou moins étendu. Comme nous l'indique Michel Sayer, mes nombreuses activités associatives pratiquées au cours de ma vie m'ont données de multiples possibilités. Le bilan en est plutôt positif puisque entre 500 et 650 exemplaires ont été vendus ou offerts. Il ajoute que lorsque l'on possède un carnet d'adresse et une notoriété dans le milieu associatif, il existe de multiples possibilités en terme de diffusion. Jacques Machefert a quand à lui lancé une souscription auprès de ses clients habituels et avait ainsi vendu plus de la moitié des ouvrages avant même de les recevoir.
- N'hésiter pas à positionner votre ouvrage au centre de vos discussions, vous pourrez susciter l'intérêt de certaines personnes. Ne négligez pas la bouche à oreille qui peut s'avérer un très bon moyen de diffusion pour vos ouvrages.

Autres canaux de distribution

- Selon la nature de votre ouvrage des canaux de diffusion inhabituels peuvent être envisagés. Un ouvrage dédié à l'histoire d'un village peut être diffusé par le biais de l'épicerie du village et intéresserait probablement les touristes de passages. Pensez aux animaleries pour votre ouvrage sur les chiens, aux magasins de fleur pour vos conseils sur le jardinage, etc.….
- Le colportage peut également être une solution, car dans la rue, on peut vendre un livre 4 à 5 euros, ce qui permet de couvrir les frais d'édition et laisser de quoi motiver le vendeur.

Tout ce qu'il faut pour publier un livre

BOD: books on Demand

Cher Auteur,

Bod vous permet de réaliser la publication de votre livre gratuitement, en toute rapidité et commodité. En outre, Bod vous offre, à peu de frais, des prestations classiques d'édition.
Afin de vous faciliter la décision de confier la publication de votre livre à Bod, voici un aperçu des avantages dont vous bénéficiez :

- **Pas de taxe de base fixe, pas d'obligation de commander une quantité minimum.** Grâce à notre technologie d'impression numérique, vous pouvez réaliser votre projet de livre gratuitement et sans obligation de commander une quantité minimum.

- **Des partenaires solides dans le commerce du livre.** Nos relations directes avec le commerce du livre permettent d'assurer la disponibilité de votre livre chez amazon.fr et alapage.com.

- **Succès financier**
  A compter du premier livre vendu, l'auteur reçoit de Bod un honoraire qu'il aura fixé lui-même et qui s'élève en moyenne à 20% du prix magasin.

- **Une excellente stratégie de commercialisation**
  Bod entreprendra tout pour faire connaître votre livre. Bénéficiez de notre gamme étendue de prestations en termes de relations publiques et de publicité pour commercialiser votre livre avec succès.

- **Optez librement pour le type de livre qui vous convient**
  Vous pouvez choisir librement la présentation de votre livre, la date de sa parution et même le prix de vente. Bien entendu, les droits d'auteur restent entre vos mains.

- Des spécialistes du livre vous apportent leur soutien
  Nos professionnels de l'édition sont à votre disposition pour vous rendre service. Qu'il s'agisse de relecture, de correction ou de mise Bod vous propose ici toutes les prestations d'édition classiques.

Votre propre livre en trois étapes, rien de plus simple ni de plus rapide

1ère étape : nous faisons de votre manuscrit un vrai livre
Tout commence par votre décision, soit de réaliser vous-même la présentation de votre ouvrage, soit de la faire réaliser par nos spécialistes. Dans le premier cas, qui est également le plus simple, vous nous remettez un fichier PDF, de préférence en le chargeant directement dans myBod, ou encore sur support de données usuel. Si vous désirez l'aide de professionnels, nous nous chargeons volontiers de la présentation de votre livre, de la relecture et de tous les détails techniques.

2ème étape : nous aidons à commercialiser votre livre
Vous recevez de leur part votre propre ISBN à titre gratuit. Il ne faut ensuite que très peu de temps à Bod pour générer la maquette d'impression numérique à partir de votre fichier. Après validation de cette dernière, votre livre sera disponible dans les librairies en ligne amazon.fr et alapage.com.

3ème étape : un succès assuré pour votre livre sans aucun travail administratif pour vous
Afin que votre livre soit un vrai succès, nous vous apportons notre soutien par de nombreuses prestations en matière de publicité et de relations publiques.

Nous faisons de votre manuscrit un vrai livre

Votre manuscrit est terminé, et vous avez hâte de tenir votre livre entre les mains ? C'est à vous de choisir : soit vous réalisez vous-même votre livre et la couverture de A à Z, soit vous le faites réaliser de manière personnalisée par nos professionnels de l'édition.

Bod Impression et Publication

Avec le service Bod Impression et Publication, nous vous offrons l'occasion de publier rapidement et en toute commodité votre livre. Mieux encore : c'est vous qui décidez librement du contenu et de la présentation de votre livre, sans avoir à débourser de grandes sommes. Que vous désiriez créer votre propre livre gratuitement grâce à Bod Fun (la formule idéale si vous vous chargez vous-même de la vente de votre livre ou désirez l'offrir en cadeau), mettre votre livre en vente dans le commerce en choisissant la formule complète Bod Classique ou profiter de nos conseils professionnels en optant pour Bod Confort, toutes nos formules sont adaptées à chacun de vos besoins.

Bod Fun et Bod Classique offrent des prestations uniquement en ligne facilement et rapidement gérables via notre plate-forme Internet myBod. Bod propose à chaque auteur, sous www.bod.fr/mybod , un portail personnel sur Internet : vous pouvez commander ici non seulement l'étendue complète des prestations d'édition au moyen d'un clic et suivre chaque jour vos chiffres de vente, mais réaliser votre projet de livre de A à Z.
En quelques clics, vous créez à partir de votre fichier un format PDF qui est alors transmis automatiquement à Bod. Rien de plus simple !

Votre type de livre

C'est uniquement à vous qu'il incombe de décider de la présentation de votre livre. Bod vous propose plusieurs types de livres parmi lesquels vous pouvez choisir librement.

Types de reliure
Optez pour les différentes reliures :

- Couverture souple
- Couverture dure avec jaquette et dos droit
- Couverture dure contrecollée (donc à revêtement papier) et dos droit
- Couverture dure jaquette et dos arrondi y compris le ruban de lecture intégré
- Couverture dure contrecollée et dos arrondi y compris le ruban de lecture intégré
- Livret avec agrafe

Dans le cas de la couverture souple et de la couverture en dur, la reliure de la jaquette est réalisée dans les règles de l'art, imprimée en couleur et protégée des taches et de l'usure par une finition mate ou brillante.

Format de livre

Quelle taille désirez vous ? Choisissez parmi différents formats, largeur x hauteur :

Livres à couverture souple et à couverture dure
12,0cmx19, 0 cm
13,5cmx21, 0 cm
14,8cmx21, 0 cm (DIN A5)
15,5cmx22, 0 cm
17,0cmx22, 0 cm
19,0cmx27, 0 cm
21,0cmx29, 7 cm (DIN A4)

Livrets
14,8 cmx21, 0 cm
21,0 cmx29, 7 cm
Le volume des livres peut comporter entre 52 et 700 pages, le nombre de pages doit être divisible par quatre.
Le volume des livrets peut comporter entre 4 et 48 pages, le nombre de pages doit être divisible par quatre.

Nous aidons à commercialiser votre livre

Bod attribue gratuitement à votre livre un numéro ISBN et transmet les références de votre livre au catalogue de DILI COM qui sert de base de données informatisées pour les librairies. Sous 24 heures après la réception d'une commande, Bod imprimera le livre commandé et l'enverra dans les jours qui suivent. Votre livre sera disponible chez amazon.fr et alapage.com.

Vente en nom personnel
Bien entendu, non seulement vous bénéficiez de nos contacts avec le commerce du livre, mais vous pouvez également acheter votre livre auprès de Bod à prix réduit pour vos besoins personnels , comme par exemple pour des séances de lecture ou la vente directe. Vous pouvez commander en ligne votre petit tirage à partir d'un exemplaire. A compter de 25,100ou 200 exemplaires, vous bénéficiez d'un rabais progressif. A partir de 25 livres, vous pouvez également commander par écrit ou par téléphone.

Un succès assuré pour votre livre sans aucun travail administratif pour vous.
L'écrivain, c'est vous. Et nous, nous nous chargeons du reste, des démarches en termes de commande au versement de votre honoraire d'auteur, en passant par l'expédition des livres et du décompte avec amazon.fr et alapage.com. Et pour que votre livre parvienne rapidement aux lecteurs, nous vous apportons notre soutien pendant et après la publication par de nombreuses prestations efficaces en matière relations publiques et de publicité.

Marge d'auteur
Pour chaque livre vendu en librairie, l'auteur reçoit de Bod un honoraire qu'il peut fixer lui-même. Cet honoraire se calcule à partir au prorata ainsi que des coûts de fabrication et de remise en œuvre. Le nombre de pages, le type de livre et surtout le prix de vente peuvent influer directement sur le montant de la marge bénéficiaire.

Formule Bod

Bod Fun : 0,00 €
Réalisez vous-même votre livre en ligne, rapidement et gratuitement !
- Dépôt du manuscrit uniquement par chargement dans myBod.
- Conseil uniquement Internet
- Maquette numérique
- Vente via la boutique en ligne de Bod

Bod Classique : 39,00 €
Mon propre livre en ligne, avec ISBN et vente dans le commerce du livre !
- Dépôt du manuscrit uniquement par chargement dans myBod
- Conseil uniquement Internet
- Maquette numérique
- Vente via la boutique en ligne Bod
- Disponibilité chez Amazon et Alapage
- ISBN
- Code barres
- Service bibliothèque

Bod héberge 70.000 titres sur son site et a produit plus de 6 millions de livres depuis sa création en 2001. Pour 39 euros, et c'est la différence avec les sites concurrents, le livre obtient un numéro ISBN et devient référencé par les librairies en ligne comme Amazon et Alapage.
Le service d'édition en ligne est déjà un franc succès dans plusieurs pays européens : 10 000 auteurs utilisent désormais les services de Bod. A l'étranger, des auteurs amateurs ont utilisé Bod comme tremplin à une carrière chez un éditeur classique. Une douzaine d'auteurs allemands ont déjà été « découverts ».

Mais reste que le plaisir d'écrire est primordial et tout tend à démontrer que c'est de Bod dont vous avez besoin pour assouvir vos besoins.